科技金融对中国产业结构转型升级的影响研究

胡欢欢 ◎ 著

Research on the Impact of
Science and Technology Finance on
the Transformation and Upgrading of
China's Industrial Structure

经济管理出版社
ECONOMY & MANAGEMENT PUBLISHING HOUSE

图书在版编目（CIP）数据

科技金融对中国产业结构转型升级的影响研究／胡欢欢著，－－北京：经济管理出版社，2024．－－ISBN 978－7－5243－0008－3

Ⅰ．F269.24

中国国家版本馆 CIP 数据核字第 2024GW7044 号

组稿编辑：任爱清
责任编辑：任爱清
责任印制：许 艳
责任校对：王淑卿

出版发行：经济管理出版社
　　　　　（北京市海淀区北蜂窝 8 号中雅大厦 A 座 11 层　100038）
网　　　址：www.E-mp.com.cn
电　　　话：（010）51915602
印　　　刷：唐山玺诚印务有限公司
经　　　销：新华书店
开　　　本：720mm×1000mm/16
印　　　张：11.5
字　　　数：223 千字
版　　　次：2025 年 2 月第 1 版　2025 年 2 月第 1 次印刷
书　　　号：ISBN 978－7－5243－0008－3
定　　　价：88.00 元

前　言

INTRODUCTION

  新时代中国经济进入高质量发展阶段，实现高质量发展要求转变经济发展方式，通过改进效率，实现生产向中高端转型。科技是第一生产力，金融是现代经济的核心。在转型过程中，科技与金融的结合引导资本流向拥有新技术的行业，并催生出具有核心技术的新兴行业，从而形成新的经济增长点。因此，在经济高质量发展背景下，如何有效实现科技和金融的有效对接与培育新兴产业，是实现产业结构转型升级的关键之一。本书立足于中国经济高质量发展的背景和已有研究的不足，在以下三个方面进行拓展：①以科技金融对中国产业结构转型升级的作用机制为逻辑主线，从理论上分析科技金融对产业结构转型升级的影响渠道并提出研究假说。②采用空间计量模型研究科技金融对产业结构转型升级的空间效应，并进行效应分解。③基于中国城市面板数据，综合运用双重差分法、倾向得分匹配法、安慰剂检验等多种分析工具研究科技金融对产业结构转型升级的政策效应，并对其影响机制进行检验。本书旨在为科技金融推动产业结构转型升级提供理论支持与政策参考。本书的主要内容如下：

  首先，从理论上探讨科技金融对产业结构转型升级的影响机制。在界定科技金融与产业结构转型升级相关概念的基础上，基于相关文献梳理阐明科技金融对产业结构转型升级的传导渠道。研究表明：科技金融通过资金储备功能增加创新融资；通过资金配置功能弥补资源错配；通过筛选功能优化资源配置；通过竞争机制有助于金融发展；通过风险机制激励企业加大研发投资；进而通过技术创新的"学习效应""扩散效应"和"分工效应"，带动金融发展调整市场供给结构、优化资源配置和激励企业家精神等方面，促进产业结构转型升级。

  其次，构建普通面板模型和面板分位数模型检验科技金融对产业结构转型升级的直接影响。结果表明：①广义最小二乘法（FGLS）结果显示科技金融能显著促进产业结构高级化，科技金融在技术创新的"学习效应""分工效应"和"扩散效应"的作用下，扩大了知识密集型产业的发展规模，有利于产业结构向"服务化"方向发展，进而推动产业结构高级化。与此同时，科技金融能够缩小产业之间的偏离度，有利于产业结构的合理化。便利的基础设施、完善的金融发展以及适宜的政府财政规模能够不断优化地区内部资源的配置效率，提高产业之间的协调能力和耦合质量，进而促进产业结构合理化。②由分位数回归结果可知，科技金融能够促进低分位数上的产业结构的高级化和合理化，对高分位数上产业结构的高级化和合理化无显著的促进作用。③区域异质性分析表明：对于东部地区，科技金融能显著提高产业结构的高级化，但对产业结构的合理化影响不显著；对于中部地区，科技金融对产业结构的高级化与合理化的影响均不显著；对于西部地区，科技金融对产业结构以及高级化与合理化均具有显著影响。强度异质性分析表明，对于科技金融高效率组，科技金融对产业结构高级化具有显著推动作用，但对于产业结构合理化的影响不显著；对于科技金融低效率组，科技金融不仅能促进产业结构的高级化，也有助于推动产业结构的合理化。

再次，通过构建空间计量模型，在考虑空间溢出效应的情况下研究科技金融对产业结构转型升级的空间影响。结果表明：①无论是空间邻接权重、空间地理权重、经济地理权重还是空间网络权重，产业结构高级化和合理化的 Moran's I 指数均为正值，通过 1% 显著性水平检验，这意味着产业结构高级化和合理化存在显著的空间正相关特征。同时，空间邻接权重下科技金融效率通过 5% 显著性水平检验，说明科技金融效率存在着明显的空间溢出特征，呈现"一荣俱荣，一损俱损"的结果。②空间 Durbin 模型回归结果显示，在经济距离权重下，科技金融对产业结构高级化的回归系数显著为正，说明科技金融能够使产业结构高级化，科技金融对产业结构高级化的影响主要通过技术创新的"学习效应""溢出效应""分工效应"对产业结构产生影响。与此同时，科技金融对产业结构泰尔指数的回归结果显著为负，说明科技金融能够缩小产业间的偏离度，提高产业间的耦合质量，促进产业结构合理化。③科技金融对产业结构转型升级的空间效应分解表明，科技金融对产业结构高级化的直接效应、间接效应和总效应显著为正，并且间接效应大于直接效应。说明在科技金融存在正向空间溢出的情境下，本地区的产业结构高级化的提升不仅来自于本地区科技金融，而且更大程度上来自于其他地区科技金融的影响；科技金融对产业结构泰尔指数的直接效应、间接效应和总效应显著为负，并且间接效应大于直接效应。说明本地区以及相邻地区科技金融能够缩小产业结构的偏离度，有利于推动产业结构向合理化方向发展。

此外，本书构建双重差分模型实证考察科技金融对产业结构转型升级的政策影响。将"促进科技和金融结合试点"的实施作为一项准自然实验，利用中国城市面板数据，采用双重差分法（DID）观察 2011 年以后实施的科技金融政策对产业结构转型升级的影响。主要体现在以下四个方面：①基准回归模型显示科技金融政策对产业结构高级化的影响为正且通过显著性检验，说明科技金融政策能够显著促进产业结构高级化，政策实施效果随时间呈递增趋势。然而，科技金融政策对产业结构合理化的影响不显著。②通过采用 PSM-DID、改变样本区间、改变样本时间、提出具有异质性的样本、安慰剂检验等一系列检验发现，科技金融政策实施效果具有稳健性。③科技金融政策实施效果具有区域异质性和城市等级异质性，科技金融对于产业结构高级化的影响，东部地区和高等级城市的政策实施效果较显著，西部地区和一般等级城市的政策实施效果不显著。同时，科技金融对产业结构合理化的影响，对于东部和西部地区的影响不显著，然而对于中部地区的回归系数显著为正，说明科技金融政策的实施对于东部和西部地区产业结构合理化的影响不显著，但却显著抑制了中部地区的产业结构合理化。此外，无论是高等级城市还是一般等级城市，科技金融政策对产业结构合理化的影响效果均不明显。④机制分析表明，技术创新和金融发展在科技金融政策实施推动产业结构高级化过程中发挥中介作用。

最后，笔者结合前文理论分析和实证检验的结果，根据主要研究结论和传导机制，深入考虑当下中国科技金融对产业结构转型升级的现状，提出全面实现科技金融推动产业结构转型升级的对策建议。

本书在以下三个方面有所创新：①研究角度。目前，学术界关注更多的是科技金融对技术创新和经济增长的影响，但针对科技金融与产业结构转型升级的研究较少。因此，本书从基本影响、空间影响和政策影响三个维度揭示科技金融对产业结构转型升级的影响，并提出科技金融促进产业结构转型升级的对策建议，为推动中国经济转型，实现经济高质量发展提供了理论依据和现实指导。②构建科技金融指标。通过科学处理投入产出数据并合理选择 DEA 模型和方法，更加准确地测度中国科技金融效率。在数据包络分析框架下，以企业 R&D 经费投入、地方财政科学技术支出、金融机构科技贷款作为投入，以发明专利申请授权数、技术市场成交额、高技术产业新产品销售收入作为产出，在此基础上构建超效率 SBM 模型，将不同时期的决策单元在最佳生产前沿下进行测度，解决了不同时期科技金融效率的可比性问题，更加准确地测度科技金融效率。③机制分析。本书从理论方面论证科技金融通过技术创新和金融发展推动产业结构转型升级的传导机制，并根据科技金融对产业结构转型升级的理论机理，构建关于技术创新和金融发展的中介效应模型对其机制进行验证。

胡欢欢

2024 年 5 月 20 日

目　录
CONTENTS

第一章

绪　论

第一节　选题背景与问题提出

一、选题背景

转变经济发展方式，优化产业结构是中国经济"调结构，稳增长"的重要内容，实现科技与金融相结合助推产业结构转型升级是转变经济发展方式、激发经济发展动能、提升经济发展水平的本质要求和重要举措。产业结构转型升级的过程伴随着产业结构自身的扬弃和全要素生产率的提升，从而实现生产由低端向中高端转型。在转型过程中离不开技术创新的要素驱动，通过生产效率的提升，要素投入由低效率企业流向高效率企业，高技术企业的要素需求空间得到延伸，成为产业结构转型升级的重要推动力。金融服务是资源有效配置和经济结构升级的助推器（Rin & Hellmann，2002），其运行效率、供给规模与结构的合理化将推动产业结构转型升级（杜金岷等，2016），产业结构的转型升级也离不开金融业的支持和协调发展。由此可见，在经济转型中，科技是第一生产力，金融是现代经济的核心。科技与金融的融合可以引导资本向新技术行业流动，并催生出具有核心技术的新技术产业，从而形成经济新的增长点（肇启伟等，2015）。因此，在新阶段，坚持科技与金融的融合，不仅符合金融服务实体经济的理念，也能更好地实现我国经济高质量发展。

科技金融是促进科技研发、成果转化和高技术产业发展的金融工具、金融政策及相关服务构成的系统性安排，是提供金融资源的主体及相应行为活动构成的完整体系（赵昌文等，2009）。为推动科技与金融融合，培育发展战略性新兴产业，支撑和引领经济发展方式转变，科技部、中国人民银行、中国银行保险监督管理委员会（以下简称《中国银监会》）、中国证券监督管理委员会（以下简称《中国证监会》）和中国保险监督管理委员会（以下简称《中国保监会》）于2011年研究决定在16个地区首批开展科技金融相结合的试点工作。紧接着，陆续出台350多项与试点工作相配套的措施，设立近40亿元的科技金融专项资金，形成由政府牵头，科技、财税、金融等部门共同参与、协调的工作机制。在科技金融创新方面，投贷结合、银保结合等交叉金融创新模式为不同发展阶段的高技术企业提供创新性的融资服务。试点的目的在于有效带动金融资源支持科技发展，缓解企业融资难题，发挥技术创新及金融发展对产业结构转型升级的作用。为实施创新驱动发展战略，实现经济由高速度向高质量发展转变，科技部、中国人民银行、中国银监会、中国证监会和中国保监会于2016年选择在郑州、厦门等9个城市开展第二批促进科技与金融相结合的试点工作。

二、问题提出

科技与金融的深度融合能够提高企业的生产效率并解决高技术企业的融资问题，进而推动产业结构转型升级。一方面，由于我国高技术企业具有高风险、高收益和信息不对称的特点，这也构成了企业融资难的主要原因。而国家通过建立新型科技创新投融资平台，创新科技金融产品、组织机构和服务模式，能够拓宽新兴企业的融资渠道，突破企业的融资瓶颈，为高技术企业的发展提供源源不断的资金支持。另一方面，科技与金融的结合可以促进一系列的金融工具、金融制度和金融政策的创新，为企业的技术创新提供了保障，还可以提高企业的生产效率，推动产业结构转型升级。然而，当经济发展到一定阶段后，产业结构转型升级对科技金融的多样化与专业化要求日益提高。适应一定产业发展阶段的科技金融有利于推动产业结构转型升级，而不适应产业发展要求的科技金融则对产业结构转型升级形成阻碍。由于我国金融发展基础差异大、产业结构协调度低且调整难度大等一系列问题为科技金融推动产业结构转型升级带来障碍。另外，目前我国自主创新能力不足、研发成果效率低下、金融资源配置效率不高等因素也弱化了科技金融推动产业结构转型升级的积极影响。因此，为实现科技与金融的深度融合，迫切需要政府重新审视科技金融对产业结构转型升级的影响效应，为新时期促进经济高质量发展提供对策建议。

目前，尽管学术界对科技金融的效应进行了一系列卓有成效的评估，但研究聚焦于科技金融对经济增长的数量与质量效应。国内外关于产业结构转型升级问题的研究越来越深入，研究所采纳的理论与方法也渐成体系，为本书研究科技金融与产业结构转型升级奠定了理论基础。然而，在科技金融对产业结构转型升级的研究方面，仍然存在以下两方面的问题值得进一步研究：①如何识别科技金融对产业结构转型升级的基本效应、空间效应和政策效应？②科技金融对产业结构转型升级的影响渠道是什么？

三、研究意义

（一）理论意义

（1）对产业结构转型升级理论的有益补充。目前，无论是在理论研究还是在实证经验，学术界关于科技金融的研究聚焦于科技金融对经济增长的数量与质量的效应。产业结构转型升级是现代经济增长的重要特征之一，科技金融在产业结构转型升级过程中发挥着重要作用。科技金融的直接效应是缓解高技术企业融资瓶颈，推动企业的创新，提高企业生产率，而企业生产效率的提高能够推动产业结构转型升级。基于此，本书将 2011 年提出的"科技与金融结合"试点视为一项准自然实验，采用双重差分法（DID）对科技金融政策与产业结构转型升级的因果关系进行识别，并对 DID 方法应用的前提进行检验，以避免因为采用政府科技活动经费投入资金和金融机构科技贷款额等变量衡量科技金融带来的内生性问题，完善和丰富了已有文献，为后续的研究提供了基础性文献。

（2）丰富科技金融效率的测度理论。已有研究关于科技金融效率测度大多是采用政府科技活动经费投入资金或金融机构科技贷款额等单一变量来衡量科技金融水平，不仅未考虑到这些连续变量的内生性问题，而且会导致测度结果不准确的问题。本书在科学设计投入与产出指标的基础上，构建超效率 SBM 模型。超效率 SBM 模型能够克服传统 DEA 模型的缺陷，构建基于非径向的角度，并考虑到松弛变量模型，将不同时期的决策单元在最佳生产前沿下进行测度，解决不同时期科技金融效率的可比性问题，更加准确地衡量中国科技金融效率。

（3）全面梳理并进一步探讨科技金融对产业结构转型升级的影响机制。虽然现有文献对科技金融对产业结构转型升级的作用路径进行了研究，但不同的学者从各自不同的视角切入，未进行全面和系统的研究。基于此，本书对科技金融促进产业结构转型升级的作用机制进行归纳和梳理，并采用广义最小二乘（FGLS）、空间杜宾模型和双重差分法（DID）实证检验科技金融对产业结构转型升级的多重影响，并构建中介效应模型，考察金融发展以及技术创新在其间发挥的中介作用。

（二）现实意义

（1）研究科技金融对产业结构转型升级的影响，能够在经济转型时期，为实现金融业更好服务实体经济，进而推动产业结构转型升级提供决策参考。当前，我国面临着发达国家再工业化、产业变革的国际环境和国内传统产业发展停滞、产能过剩的双重影响，加大了产业结构转型升级的压力。因此，在当前新一轮技术革命的背景下，培育和发展新兴产业将成为必然选择。在产业结构转型升级过程中，推动创新发展是建设现代化体系的战略支撑；加快金融发展有利于提升产业发展的质量效益。可见，科技金融的重要性与日俱增，并成为推动产业结构转型升级的重要力量。深入研究科技金融对中国产业结构转型升级的影响，有助于缓解经济高质量发展背景下中国产业结构转型升级中的瓶颈，使金融业服务于实体经济，进而推动产业结构转型升级，这对制定出符合当下经济发展阶段的科技金融政策体系提供重要参考。

（2）研究科技金融对产业结构转型升级的机制，为推动科技与金融有效对接提供坚实的依据。当前中国经济处于高质量发展阶段，经济的高质量发展要求转变经济发展方式，通过改进效率，实现生产向中高端发展模式的转型。在转型过程中，金融与科技的融合可以引导资本向高技术企业流动，并催生出具有核心技术的新技术产业，从而形成经济新的增长点。本书旨在考察科技金融对产业结构转型升级的机理和路径，为推动科技与金融有效对接提供坚实的依据，这对于转型时期推动产业结构转型升级具有重要的现实意义。

（3）为不同区位优势、资源禀赋、创新能力和金融发展水平的地区制定科技金融发展模式，推动产业结构转型升级提供现实指导。不同地区由于原有的区位优势、资源禀赋、科技和金融发展差异较大，科技金融对产业结构转型升级的影响也有差别。因此，政府科技金融政策的制定不可"一刀切"，应结合各地区的区位条件、技术水平和发展目标，因地制宜地制定出符合地区特色的科技金融政策。因此，对科技金融推动产业结构转型升级的传导机制的研究能够为科技金融政策制定和推动产业结构转型升级提供现实指导。

第二节　研究内容与解决的关键问题

一、研究内容

（一）中国科技金融效率的测度研究

本书在对科技金融内涵界定的基础上，科学设计投入与产出指标，构建超效率 SBM 模型对科技金融效率进行测度，并且从空间分布、空间差异及其来源、分布动态研究三个方面刻画科技金融效率的空间差异特征。科技金融效率测度的主要内容包括以下三部分：①科技金融效率的内涵界定。本书将科技金融的参与主体在科技创新方面的投入产出效率视为科技金融效率。②科技金融效率评价方法构建。本书在 DEA 框架下，构建基于非径向的角度，并考虑到松弛变量模型，采用超效率 SBM 模型构建科技金融效率评价方法。③中国科技金融效率的测度。基于以上方法，本书以企业 R&D 经费投入、地方财政科学技术支出、金融机构科技贷款作为投入，以发明专利申请授权数、技术市场成交额、选取高技术产业新产品销售收入作为产出，对科技金融效率进行测度。

（二）科技金融对产业结构转型升级影响的理论分析

本部分旨在揭示科技金融对产业结构转型升级影响的理论机制。在现有关于科技金融理论的基础上，梳理出科技金融对产业结构转型升级的具体渠道。包括五个方面：①科技金融通过资金储备功能增加创新融资，进而促进技术创新，技术创新的学习效应推动产业结构转型升级；②科技金融的资金配置功能能够弥补资源错配，进而激发创新活力，在技术创新的溢出效应下促进产业结构转型升级；③科技金融的筛选功能优化资源配置，进而促进技术创新，技术创新的分工效应引致产业结构转型升级；④科技金融通过竞争机制有助于金融发展，金融发展激励企业家精神，加速产业结构转型升级；⑤科技金融的风险分散机制激励企业加大研发投资，进而促进产业结构转型升级。根据传导机制理论分析部分的内容，提出科技金融影响产业结构转型升级的研究假说，并在后文的分析中对研究假说进行验证。

（三）科技金融和中国产业结构转型升级进程及驱动力

本部分首先回顾科技金融发展和产业结构转型升级的进程，并揭示出产业结构转型升级进程的驱动力。其次从影响产业结构转型升级的驱动力出发，厘清当前中国产业结构转型升级中存在的问题。

（四）科技金融对中国产业结构转型升级基本影响

本部分采用普通面板回归模型研究科技金融对产业结构转型升级的基本影响。研究包括三部分：①面板模型的构建。通过构建 FGLS 模型，实证检验科技金融对产业结构转型升级的基本影响。②分位数回归模型的构建。根据科技金融对产业结构转型升级的基本影响结果，构建面板分位数模型进行稳健性检验，系统检验科技金融对产业结构转型升级的差异化影响。③异质性检验。根据区域异质性和科技金融效率强度异质性，分别进行回归。

（五）科技金融对中国产业结构转型升级的空间影响

本部分从经验证据方面揭示出科技金融对产业结构的空间影响。研究内容主要包括三部分：①对科技金融效率的空间特征进行分析。分别从空间分布、空间差异和来源以及分布动态演进，揭示中国科技金融效率的分布动态演进趋势。②设置空间权重和相关性检验。本书分别设置空间邻接矩阵、反距离矩阵、经济距离矩阵、空间网络权重矩阵，并检验产业结构转型升级是否具有空间相关性，以表征科技金融对产业结构转型升级的溢出模式。③构建空间模型。在检验空间具有相关性的基础上，通过 LM 检验，构建空间杜宾模型，以考察科技金融对产业结构转型升级的空间影响。

（六）科技金融政策对产业结构转型升级的影响

本部分从实证经验层面揭示科技金融政策对产业结构转型升级的影响。研究包括三个部分：①准自然实验构建。本书将相关管理机构于 2011 年首次开展科技金融相结合的试点作为一项准自然实验，相关管理机构于 2016 年选择在郑州、厦门等 9 个城市开展第二批科技与金融相结合的试点。本书以第一批试点地区数据作为实验组进行考察，以第二批试点城市数据检验基准结果的稳健性。②双重差分模型构建。在实验组和对照组的平行趋势进行检验的基础上，构建双重差分模型，考察科技金融政策对产业结构转型升级影响的方向及大小。③科技金融对中国产业结构转型升级的影响机制分析。结合前文理论机理，对科技金融推动产业结构转型升级的作用路径进行实证检验，采用技术创新和金融发展作为中介变量进行验证。

（七）科技金融对产业结构转型升级的对策研究

本部分结合前文理论分析和实证检验的结果，深入考虑当下中国科技金融对产业结构转型升级的现状，提出全面实现科技金融推动产业结构转型升级的对策建议。

二、解决的关键问题

本书从理论机制和实证经验两方面出发，研究科技金融对中国产业结构转型升级的影响效应，为新时代金融业更好地服务于实体经济和提高科技金融效率提升经验证据，为经济转型时期优化产业结构提供对策建议。在具体研究中，解决的关键问题有以下五个：

（1）测度中国科技金融效率。科学地测度科技金融效率是研究科技金融与产业结构转型升级之间关系的前提。通过阅读相关文献，本书构建基于非径向的角度，并考虑到松弛变量模型，采用超效率 SBM 模型对中国科技金融效率进行测度。

（2）揭示科技金融对中国产业结构转型升级的理论机制和影响渠道。全面揭示科技金融对产业结构转型升级的理论机制是进行实证分析的前提和基础。首先，通过总结科技金融对产业结构转型升级的作用机制，考察科技金融通过何种渠道对产业结构升级产生影响。其次，通过前文的理论机制分析和影响渠道分析，提出科技金融影响产业结构转型升级的研究假说。

（3）探讨科技金融对中国产业结构转型升级的基本影响。本书在科技金融对产业结构转型升级理论分析的基础上，构建普通面板模型探讨科技金融对中国产业结构转型升级的基本影响。由于不同地区金融发展、技术创新、经济发展水平、人力资本等会影响到产业结构转型升级，本书结合影响产业结构转型升级的因素，进行差异化分析。

（4）考察科技金融对中国产业结构转型升级的空间影响。随着经济理论研究的深入，学术界认为，技术创新的"学习效应""扩散效应"和"分工效应"是科技金融空间溢出的来源，本书考虑科技金融与产业结构转型升级具有空间影响，本书分别设置空间邻接矩阵、反距离矩阵、经济距离矩阵，采用 SDM 模型研究科技金融与产业结构转型升级的空间影响效应。

（5）对科技金融和产业结构转型升级进行因果识别。经济变量之间的因果关系识别历来是研究关注的重点，本书将 2011 年开始实施的科技与金融相结合试点政策视为一项科技金融的准自然实验，将实施科技与金融相结合的试点省份作为准自然实验的实验组，将其他未实施科技金融政策的省份视为对照组，在满足平行趋势检验的前提下，采用双重差分法（DID）对科技金融政策影响产业结构转型升级的因果关系进行识别。

第三节 研究思路和研究方法

一、研究思路

本书沿着"提出问题—分析问题—解决问题"的思路。首先，在经济高质量发展背景下，科技与金融的结合可以引导资本流向拥有新技术的行业，并催生出核心技术的新兴产业，从而推动产业结构转型升级。根据对国内相关既有研究文献进行系统梳理与述评，发现现有研究中的不足，进而确定本书研究主题是科技金融对中国产业结构转型升级的影响研究。其次，在对科技金融与产业结构转型升级的概念进行界定的基础上，通过分析传导机制和提出理论假说，对科技金融影响产业结构转型升级的机制进行分析。再次，对科技金融和中国产业结构转型进程以及驱动力进行概述，客观呈现科技金融和产业结构转型升级的发展现状；从空间分布、空间差异和分布动态三个方面呈现科技金融效率的空间特征；采用普通面板模型、空间计量模型、政策变量实证检验科技金融对产业结构转型升级的影响；根据理论机制部分的思路，构建中介效应模型对科技金融影响产业结构转型升级的机制进行实证检验。最后，根据研究结果，为新时期科技金融助力产业结构转型升级提供对策建议。

二、研究方法

本书在科学评价科技金融效率的基础上，采用多种研究手法，从理论机制和实证检验两个层面研究科技金融对产业结构转型升级的影响。具体研究方法有以下四个：

（一）理论分析法

在梳理相关文献的基础上，根据内生增长理论、比较优势理论、产业结构变动理论、金融发展理论和科技创新空间扩散理论，从理论层面厘清科技金融对产业结构转型升级的具体影响渠道，技术创新和金融发展可能在其间发挥中介作用。

（二）全局可参比的数据包络分析方法

数据包络分析（DEA）由于不需要设定具体的生产函数形式，可以更好地模拟多投入多产出的实际生产过程，能够有效避免设定错误生产函数而带来的测度偏误，近年来得到广泛应用。因此，论文在数据包络分析框架下，采用 Global 超效率的 SBM 模型对科技金融效率进行测度。超效率 SBM 模型克服了传统 DEA 模型的缺陷，构建基于非径向的角度，并考虑到松弛变量模型，将不同时期的决策单元在最佳生产前沿下进行测度，解决了不同时期科技金融效率的可比性问题。

（三）空间计量分析方法

一方面，通过绘制多幅科技金融的分布格局，采取 Dagum 基尼系数对科技金融的空间差异进行测度，在此基础上将空间差异分为地区内差异、地区间差异和超变密度。紧接着利用 Kernel 密度研究科技金融与产业结构转型升级的分布动态演进。因此，从空间分布、空间差异和分布动态演进三个方面，充分认识科技金融典型化事实。另一方面，根据地理学第一定律，任何事物之间均有相关性，且相关性受到距离影响。考虑到各研究区域彼此之间存在经济和地理联系由此产生空间相关性，加入空间因素后，借助莫兰指数，通过构建空间杜宾模型（SDM）考察两者之间的空间溢出效应。

（四）双重差分方法

双重差分方法作为因果关系识别的重要方法，已得到学术界的广泛关注。将 2011 年首次实施的科技与金融相结合试点视为一项准自然实验，研究科技金融政策对产业结构转型升级的影响。首先，将 2011 年首次开展的科技与金融相结合的试点政策视为一项准自然，设定实验组和对照组。其次，对科技金融政策的平行趋势进行检验，确保实验组和对照组的产业结构转型升级在政策之前具有平行趋势。最后，采用双重差分法（DID）对科技金融影响产业结构转型升级进行政策评估，这不仅解决了科技金融与产业结构转型升级的互为因果的内生性问题，而且能够解释两者之间的因果关系。

第四节　主要创新点

本书在以下三个方面有所创新：

（1）研究角度。目前，学术界关注更多的是科技金融对技术创新和经济增长的影响，但针对科技金融与产业结构转型升级的研究较少。因此，从基本影响、空间影响和政策影响三个维度揭示科技金融对产业结构转型升级的影响，并提出科技金融促进产业结构转型升级的对策建议，为推动中国经济转型，实现经济高质量发展提供了理论依据和现实指导。

（2）构建科技金融指标。通过科学处理投入产出数据并合理选择 DEA 模型和方法，更加准确地测度中国科技金融效率。在数据包络分析框架下，以企业 R&D 经费投入、地方财政科学技术支出、金融机构科技贷款作为投入，以发明专利申请授权数、技术市场成交额、高技术产业新产品销售收入作为产出，在此基础上构建超效率 SBM 模型，将不同时期的决策单元在最佳生产前沿下进行测度，解决了不同时期科技金融效率的可比性问题，更加准确地测度科技金融效率。

（3）机制分析。从理论方面论证科技金融通过技术创新和金融发展推动产业结构转型升级的传导机制，并根据科技金融对产业结构转型升级的理论机理，构建关于技术创新和金融发展的中介效应模型并对其机制进行验证。

第二章

理论基础与研究综述

第一节 相关理论

一、内生增长理论

经济增长理论一直是经济学领域的经典主题，经济增长理论经历了从古典增长理论到现代增长理论的过程。古典增长理论包括古典经济学和新古典经济学两个范式，学术界通常把亚当·斯密、卡尔·马克思、大卫·李嘉图等提出的经济增长理论称为古典经济增长理论。古典经济学理论将储蓄和投资作为经济增长的重要因素，肯定了物质资本对经济的带动作用。其中，Adam Smith（1776）在《国富论》中强调了资本积累和资本形成的重要作用，分工促进经济增长。他认为财物的积累在分工之前，储蓄的财物越多，劳动分工就越精细，工人生产的材料会大幅度增加，相应国民财富也越丰富。同时，资本的增加促使企业雇佣大量的劳动力从事生产，且通过使用机器改良生产方式，可以提高劳动生产率。此外，亚当·斯密主张的经济增长理论中，强调土地、劳动力和资本对经济增长的作用，由于土地资源无法在短期内增加或减少，因此被看作是不变要素；劳动力和资本为可变要素，这两个要素对经济增长起到关键作用。卡尔·马克思（1867）认为，资本积累是经济增长的源泉，资本积累就是剩余价值的资本化，积累是资本的规模不断扩大再生产。民营企业发展拥有核心竞争力的关键有两个方面：①不断地把剩余价值转化为资本；②加强内部管理，节约成本，提高劳动生产率。马克思已经认识到技术进步能推动更多生产要素，新的科技发明可以极大提高劳动生产率，推动经济增长。但由于资本边际收益递减，资本积累增加到一定程度后将减缓经济增长的速度。大卫·李嘉图（1817）同样认为，资本积累是经济增长的源泉，而利润是决定资本积累的程度和速度，土地和地租又是影响利润的关键因素。工资是生产者用于维持家庭正常生活所必需的物质资料的价格，当通货膨胀较小时，工资基本不变。而地租是由土地的供给和需求决定，土地供给越少，土地价格越高，利润几乎下降为零，经济增长也将出现停滞。此外，他试图从收入分配的视角揭示经济增长的秘密，不合理的收入分配制度阻碍经济运行。之后，西方爆发经济危机，在此背景下学者对经济增长理论进行了深入研究。在经济危机之后，哈罗德—多马提出经济增长模型，他认为经济增长率等于储蓄率与资本产出率之比，经济增长率随储蓄率的增加而提高，该模型提出通过提高储蓄率来促进经济增长，但经济的增长路径并不稳定。继古典经济学范式之后，新古典经济学崛起。新古典经济学相比于古典经济学最大的突破是引进外生技术。新古典经济理论中著名的模型是Solow（1956）经济增长模型。与哈罗德—多马模型不同，索洛最大的突破是在生产函数中引入外生的技术进步。该模型基于三个基本假设：生产函数中资本和有效劳动两个自变量规模报酬不变；单个要素的边际产出递减；劳动和知识按固定比率增长。索洛模型表明：由于边际产出递减规律，经济总是收敛于平衡增长路径。但假定技术进步是外生变量，技术进步能克服边际产出递减，使经济长期处于增长趋势成为可能。

尽管新古典经济学考虑到技术进步作为外生变量进入生产函数，但没有从理论上对技术进步的来源做出解释。对此，内生经济增长理论适度放宽了古典经济学理论的相关假定，将技术进步内生化。Arrow（1962）的"干中学"模型认为，人们在进行产品生产时，会通过学习知识促进技术进步，提高劳动生产率，这种学习效应通过知识外溢传递给生产部门，能够提高产出，体现出边际规模报酬递增规律。其中，Romer（1990）在《收益递增经济增长模型》一书中提出内生经济增长模型，将阿罗模型向前推进一步。他认为知识和技术是经济增长的源泉。在模型中，假定经济中存在两个部门，分别为生产部门和研发部门，一定比例的劳动力和资本用于研发，其余则用于产品生产。生产部门的资本和劳动是规模报酬不变，而研发中可能存在规模报酬递增或递减。罗默内生增长模型表明：由于技术进步是内生的，当经济资源中用于研发的比例提高能够带来经济的长期增长。Romer（1990）提出一个具有外溢性知识的内生增长模型。在此模型中，技术具有外部性特征，导致整个经济的生产规模报酬递增，技术进步主要以中间品数目的扩张为特征。在借鉴Romer（1986）内生增长模型的基础上，Lucas（1988）提出人力资本内生增长模型，他提出人力资本投资具有外部效应，外部效应会从一个劳动者扩散到另一个劳动者身上，从旧产品传递到新产品，从家庭的旧成员传递给新成员，因而对其他要素的生产率都做出了贡献，体现出生产具有规模报酬递增效应，人力资本是实现经济持续增长的发动机。总之，内生经济增长理论肯定了技术进步是经济增长的源泉，由于技术进步在不同国家存在差异导致各国经济在长期不可能趋于收敛，最终将呈现富国与穷国差异化发展。

二、比较优势理论

比较优势理论的发展大致经历了三个阶段：①古典经济学家提出的绝对优势理论；②新古典经济学家提出的要素禀赋论；③产业内贸易理论为代表的新贸易理论。绝对优势理论也称为"绝对成本理论"或"绝对利益说"，由古典经济学年亚当·斯密在1776年提出。该理论认为国家间进行商品交换的原因是国家劳动生产率的绝对差异，劳动生产率的绝对差异来自于各国的自然条件和历史条件。意味着每个国家都有其适宜生产某种特定产品的自然优势或后天优势，从而进行专业化分工和生产，并通过市场进行交换，使各国绝对资源优势得到充分利用，促进商品交换商形成双赢局面。换言之，一个国家并不需要生产其国民所需的全部产品，相反，可以生产具有绝对优势的产品，通过贸易来进口其不具有绝对优势的产品，通过提高劳动生产率增加物质财富，实现社会福利最大化。按照绝对优势理论，一些地区在许多商品的生产上具有绝对成本优势，而另外一些地区可能在多种商品生产中无绝对成本优势，从而具有绝对成本优势的地区生产多种产品，无绝对成本优势的地区不进行生产，这与现实并不吻合。对此，在绝对优势的基础上，李嘉图提出了更具有普遍意义的比较优势理论。比较优势理论是国际分工与贸易的重要组成部分（徐建伟等，2012），李嘉图以英国和葡萄牙作为案例指出国家间进行分工和贸易的依据是比较优势而不是绝对优势，葡萄牙在生产两种商品（罗纱和葡萄酒）上都具有绝对优势，但相对而言生产葡萄酒的成本比罗纱要低，在这种情况下，葡萄牙仍愿意投资生产葡萄酒，而从英国进口罗纱。因此，一个地区可能在生产所有商品上都不具有绝对优势，但一定在生产某一种类商品上具有比较优势，因此双方仍有进行互利贸易的可能。李嘉图认为各国进行贸易的原因在于劳动生产率的相对差异，不同地区之间的要素禀赋条件不同，但都具有各自的相对优势，即使一个地区在多种商品生产上均处于绝对劣势，也能从绝对劣势中找到相对优势，选择其生产劣势较小的产品。因此，两地区进行分工与贸易的决定因素是生产该商品的相对劳动生产率，而不是绝对劳动生产率。

按照李嘉图的理论，比较优势理论提出机会成本差异来源于各国劳动生产率差异。由于劳动生产率的差异是由模型以外的因素决定的，所以这一比较优势也称为外生技术比较优势，后来的学者进一步提出技术变动和技术转移是决定国际分工和贸易的主要因素。直到现在，技术差异对于国家间的比较优势差异还具有较强的解释力。比较优势理论的进一步发展是从要素生产率差异向要素禀赋差异的拓展。赫克歇尔和俄林提出要素禀赋理论，该理论认为比较优势取决于两国的要素价格，两国的比较优势是由各自的要素禀赋决定，要素禀赋的稀缺程度决定了要素的相对价格。20 世纪 60 年代初，学者们在模型中引入规模经济、市场结构等因素，提出产业内贸易理论，该理论将比较优势和规模经济结合在一起，一个地区在生产商品上具有规模经济也意味着具有比较优势。与此同时，一个国家或地区的比较优势不是静态的，而是持续变动的。Balassa（1979）对优势理论进一步发展，提出著名的比较优势阶梯论。英国经济学家 Stephen（1999）认为，动态比较优势在某一部门机会成本增长率下降时，意味着该部门具有动态比较优势，肯定后发国家的潜力。罗伯特·J. 凯伯（1994）认为，除了经济部门以外，政府部门还可以通过制定经济政策推动比较优势的形成，国家集中劳动力和资本创造产业比较优势的过程称为动态比较优势。杨小凯（2001）进一步提出，内生比较优势会随着社会的发展被不断创造和增进，相比于外生比较优势关注资源的流向，内生比较优势理论更多地关注于经济组织的演进。总之，无论是优势理论，还是比较优势理论，抑或是新贸易理论均以地区资源禀赋为基础。但以要素禀赋为主的理论无法解释经济持续增长，国家之间更多集中于竞争优势。

比较优势是竞争优势的基础，即相比于其他竞争者能以更低的机会成本生产相同商品和服务是获取竞争优势的必要条件（Barney & Clark，2007；林毅夫和付才辉，2022）。在生产要素方面，波特（2011）强调一国的竞争优势来源于培养高级要素，高级生产要素不是天然取得，而是经过投资、创新和升级取得（Porter）。因此，利用现有要素禀赋所决定的比较优势来选择产业和技术进行生产，不仅是企业获取竞争力的前提，也是不断积累高级生产要素的前提（林毅夫和张鹏飞，2006）。在同业竞争方面，按照波特的竞争理论，激烈的同业竞争给企业带来较大的压力来增加对高级生产要素的投入和研发活动的投资，有利于推动企业的创新活动。因此，国内竞争迫使企业降低成本，提高产品质量，改善服务，创造出迫使企业进行创新和改进的压力。在产业集群方面，波特的竞争优势理论强调产业集群对于企业和产业创造竞争优势至关重要。一个产业符合经济的比较优势，企业投资经营可以持续盈利，从而能够吸引更多资本进入该产业。地理位置上的集中加剧同业之间的竞争，降低沟通交流的成本，能够快速相互学习，不断地进行观念交流，并扩大其专业人才队伍的力量，形成产业群内部的自加强机制，这种竞争优势具有持续性（张金昌，2001）。因此，在符合比较优势的经济发展战略下，具有良好发展前景的产业集群是企业创造竞争优势的关键。在政府作用方面，波特（2011）认为，政府在提高国家竞争力方面有建设性作用。产业的竞争优势取决于生产成本与交易成本构成的总成本，一个具有竞争力的产业，其生产成本会较低，如果总成本较高，那么需要国家因势利导把比较优势转化为竞争优势（Lin & Monga，2011）。

三、产业结构理论

产业结构理论最早可追溯至 17 世纪，由英国经济学家威廉·配第提出，他率先提出商业的收入大于工业，工业的收入大于农业，产业间的差别促使劳动者由低收入部门转向高收入部门，各国的收入差距最终归结于产业结构的不同。之后，英国经济学家克拉克在配第研究的基础上，发现劳动力在产业间演进的规律，不同时期产业结构转变与经济发展水平相关。产业结构的演进规律有三个：①期初经济活动以第一产业为主，劳动力集中于第一产业；②随着劳动生产率的提高，劳动力由第一产业逐渐向第二产业转移，第二产业得到快速增长；③当第二产业发展到一定程度后，第三产业又逐渐取代第二产业，劳动力向第三产业转移，第三产业迅速发展。这就是著名的配第—克拉克定律，国民收入提高会带动劳动力由第一产业向第二、第三产业转移（Colin Clark，1940）。在配第—克拉克定律的基础上，1931 年，德国经济学家霍夫曼（1970）将消费品部门与资本品部分的净产值之比称为霍夫曼系数，他发现各国在工业化进程中资本品工业净产值占整个工业部门净产值的比重不断升高，据此提出"工业化进程四阶段论"。在工业化第一阶段，消费品净产值在国民收入中占主导位置，资本品工业净产值较低；在第二阶段，资本品工业净产值上升，但仍低于消费品净产值；在第三阶段，随着资本品工业净产值的增长，与消费品净产值相接近；在第四阶段，消费品份额下降，资本品工业净产值占主导地位。但霍夫曼的研究有失偏颇，既没有考虑到服务业，也会造成优先发展重工业的思想。英国经济学家西蒙·库兹涅茨（1985）在前人研究的基础上，提出产业结构和劳动力流动随着经济发展水平的提高而不断变化。从各国不同的经济发展阶段来看，第一产业的劳动生产率呈下降趋势，第二产业和第三产业的劳动生产率趋于上升。1941 年，里昂惕夫对产业结构理论进一步作出论述，他采用投入产出法研究经济体系结构与各部门之间的关系，为深入产业结构演进提供了新的视角。

在产业结构优化理论的研究中，1954 年美国经济学家威廉·阿瑟·刘易斯提出"二元结构"理论，他指出国家由传统部门和现代资本部门两个部门组成，传统部门劳动生产率较低，存在剩余劳动力，而资本部门劳动生产率较高。劳动生产率差异的存在引起劳动力由农业部门转向资本主义部门，导致农业部门劳动生产率上升，资本主义部门劳动生产率下降，最终使两者趋于一致（Lewis，1954）。因此，在"二元结构"理论中，必须缩小传统部门，扩大资本主义部门以提高国民收入。此后，美国经济学家钱纳里（1988）通过收集多个国家的资料，研究提出"标准产业结构模式"。他认为在经济发展的不同阶段，产业结构也呈现出规律性的变化，整个国民经济由一个阶段向另一个阶段转变时，主导产业也会发生变化。主导产业沿着劳动密集型产业—资本密集型产业—技术密集型产业—知识密集型产业演进，进而实现产业结构的调整。钱纳里肯定了产业结构优化对国民经济的推动作用，为研究产业结构升级提供了丰富的理论基础。赫希曼（1991）在《经济发展战略》一书中提出经济"非平衡"增长理论，否定了国家按照平衡路线发展的观点，他主张国家应集中有限的资源向低成本、外部经济较好的部门进行投资，通过扶持关联产业实现经济增长，他提出的"关联效应"成为研究产业结构的重要分析工具。此后，罗斯托将非平衡发展下应优先发展的产业定义为"主导产业"，主导产业具有扩散效应，即主导产业在发展自身规模的同时对其他产业也具有带动作用。他认为经济成长分为六阶段：①第一阶段是传统社会阶段，农业部门是主导产业部门；②第二阶段是起飞创造前提阶段，劳动力开始由农业部门向工业和服务业等部门转变；③第三阶段是起飞阶段，国家有多个主导部门；④第四阶段是向成熟推进阶段，科学技术大规模应用于生产；⑤第五阶段是高额大众消费阶段，主导部门产业是耐用消费品；⑥第六阶段是生活高质量阶段，主导产业部门为医疗、旅游等享受型部门（罗斯托，1988）。经济成长"六阶段"论刻画了经济的成长过程。因此，国家要重视发挥主导产业的扩散效应，以促进经济持续增长。总之，漫长的产业结构理论演化加速了产业结构理论的发展，并为产业结构相关研究提供了理论支撑。

四、金融发展理论

金融发展理论随着发展经济学的产生而产生，历来为经济学家所关注。格力（Gurley）和肖（Shaw）先后在 1955 年和 1956 年阐述了金融在经济发展中的关键作用。首先，他们的研究突破了传统货币金融理论的范畴，提出货币金融理论。虽然没有直接提出金融结构的概念，但强调货币金融涵盖货币与非货币金融资产，银行与非银行等金融机构。其次，他们提出金融发展的实质是金融资产的多样化，非货币资产与非银行机构的不断涌现。融资结构分为直接融资和间接融资，金融机构划分为银行与非银行机构，在此基础上对融资结构和金融机构展开研究。继而他们在《金融结构与经济发展》中阐明金融发展是推动经济发展的主要动力（Gurley & Shaw，1955）。金融发展通过金融层面的技术创新调节经济运行，技术创新拓宽可贷资金市场，提升资金配置效率和投资水平。1966年，经济学家帕特里克在《欠发达国家的金融发展和经济增长》一文中提出，金融发展与经济是双向驱动关系，经济的发展产生对金融的需求，金融发展又是经济的推动力。金融体系不仅可以改进现有资本的构成，有效地配置资源，刺激投资，而且能够提高新资本的配置效率。金融结构理论是金融发展理论的基础，由美国经济学家雷蒙德·戈德史密斯（1969）在《金融结构与金融发展》一书中提出。此书中首次明确金融结构的概念及测度方法，金融结构由现有的金融工具与金融机构之和构成，并提出以金融相关率（FIR）指标衡量金融发展水平。金融相关率是可量化的指标，为金融活动的总额与经济活动的总量之比。戈德史密斯通过对各国金融相关率的统计分析，得出金融发展与经济发展水平正相关的结论，经济发展的繁荣期也是金融高速发展的时期，金融工具与金融结构衍生发展，金融活动对经济的推动作用也越强。（Goldsmith, 1959）。

　　"二战"后西方国家迎来经济的繁荣期，金融体系也得以快速增长，而发展中国家经济发展缓慢，金融体系相对落后。格力、肖和史密斯等经济学家均是将发达国家与发展中国不加区分作为金融发展的研究对象，所得结论无法应用于发展中国家的经济与金融发展规律。在此背景下，McKinnon（1973）的《经济发展中的货币和资本》和Shaw（1973）的《经济发展中的金融深化》以发展中国家作为研究对象，着重考察真实利率对发展中国家的金融和经济发展的意义，从发展经济学的角度提出"金融抑制"和金融深化理论。麦金农认为，发展中国家对利率和汇率进行严格监管，以及对金融活动种种限制，导致利率和汇率被扭曲，不能真实反映资金和外汇的供求情况，从而国民收入、储蓄和投资均出现负增长，经济发展缓慢，这种状况称为"金融抑制"。基于此，发展中国家应放松对金融的监管，依据市场供求形成均衡的利率，能够提高投资，增长储蓄，以推动国民经济发展。麦金农和肖认为，金融体制与经济发展两者之间相互促进和相互制约。一方面，完善的金融体制能够有效引导储蓄资金到生产性投资上，推动经济发展；另一方面，国民收入的提高，能够提高经济活动主体对金融服务的需求，进而刺激金融业的发展，由此形成金融与经济的良性互动。而发展中国家普遍存在对金融过度干预，通过不恰当手段降低存贷款利率，造成通货膨胀率高于名义利率，使实际利率长期为负，居民储蓄倾向下降，资金供应短缺，形成金融抑制。为缓解金融抑制，发挥金融对经济的推动作用，这就需要解除对金融的监管，放松对利率的控制，有效抑制通货膨胀，实现金融深化与经济的良性循环。金融深化意味着政府减少对金融的监管，放弃低利率政策，提高货币收益率，增强居民储蓄的积极性，增加资金供给（张前程和龚刚，2016）。同时，金融深化能够提高金融市场效率，降低信息不对称，开发丰富的金融产品，以降低未来收入的不确定性，扩大当前投资，增强国民收入。东亚国家在金融自由化改革后爆发的金融危机，经济学家开始重新审视金融自由化的结论和缺失，（Hellmann（1998））认为，应该对金融市场监管采取间接控制，并由此提出"金融约束论"。金融约束是指政府通过金融政策适当干预存贷款利率，以调节资本在生产部门和金融部门的分配，释放资本流动性，通过资本流动调节金融企业、生产部门进行生产和投资的积极性，以促进金融深化。

早期的金融发展理论对金融发展与经济增长关系的研究大多停留在主观判断上，启发性不强。20 世纪 90 年代金融发展理论学家在批判继承麦金农和肖等观点的基础上，提出内生金融发展理论，内生金融发展理论的提出把金融发展理论推向一个新的高度。在模型构建上，该理论将内生增长和金融发展纳入模型，对金融发展与经济增长的关系等问题深入挖掘。在研究领域上，该理论注重深层次的问题：金融发展的内生根源是什么？金融发展作用于经济的微观机制是什么？在实践上，Diamond 和 Dybvig（1983）认为，金融中介作为"流动性蓄水池"能够有效降低交易双方的流动性风险，一个国家风险管理水平是衡量金融发展的重要指标。金融中介通过信贷两方面的规模经济，有利于降低金融发展的机会成本，与此同时，金融市场在信息获取和传播方面的优势也有利于降低金融交易成本。Bencivenge 和 Smith（1991）通过构建多种资产的内生增长模型，得出金融中介能够提升国民储蓄，降低流动性资产的占比，促进资本积累和经济持续增长。Bencivenge 和 Smith（1997）又通过构建内生市场因素的模型考察（银行和股票）在经济体系中所起的作用，研究得出在内生市场条件下产生效率较高的金融中介，并强调金融市场的形成是完全竞争的结果。Greenwood 等（2010）将信息成本嵌入到内生发展模型中，考察金融发展对经济增长的作用，研究发现金融领域的技术进步，促使经济由信贷配给均衡转向竞争均衡，从而提高金融市场利用效率，推动经济发展。

五、技术创新空间扩散理论

创新空间扩散理论由瑞典经济学家 Hägerstrand（1965）在《作为创新过程的空间扩散》一书中率先提出，书中详细介绍了创新空间扩散规律内在机制，他把技术应用看作是"学习"和"交流"的结果。在经济参与主体之间，知识的生产和传播发挥着重要作用，并且能为企业创造动态竞争优势。创新扩散源于"知识溢出"，"知识溢出"具有正外部性，"搭便车"的企业获取的知识与自有知识相融合开发出新的知识，但没有给予知识提供者补偿，即知识接受者自觉或不自觉地没有承担任何费用，知识溢出不仅是一种结果，也是一种过程。在创新过程中，由于知识产权的保护具有较高的成本，创新企业不能完全排斥他人使用自己的研发成果，从而加剧知识在产业间溢出（Hagedoorn et al.，2000）。创新扩散是一个动态过程，该过程中信息会随着时间的推移在社会系统中传播，并带来创新的应用（Rogers，1983）。Hägerstrand（1965）以瑞典移民为样本，假定空间不存在异质性，从空间距离的角度提出创新空间扩散包括邻近效应和等级效应。邻近效应指受空间距离的影响，技术创新从创新源向四周扩散，对邻近地区的影响效应最大，辐射作用随着距离的拉长而缩小。一般来说，距离创新源越近的地区，获取创新信息的概率越大。等级效应是指地区在吸收创新能力时，除了受地理距离的影响，还受到城市等级的影响，城市等级越高吸收创新的能力越强。

Mossill（1968）提出"创新扩散波模型"，他在"邻近效应"的基础上，认为创新扩散的轨迹呈"S"形。在空间扩散过程中，地域之间彼此关联，距离创新源较近的地区接受创新的速度越快，随着时间推移，创新由创新源向远处扩散。Hudson（1969）结合"邻近效应"和"等级效应"，他认为创新扩散时，高等级中心地的创新向级别高但地理位置远的地区传播的速度与向级别低但位置近的地区传播的速度相同，因此创新扩散呈"S"形。同样，Rogers（1983）也指出创新扩散呈"S"形分布，在创新的开始阶段，只有被少数成员接受并采纳，创新的采用率较低；随着时间的推移，当创新过程开始并完整呈现时，创新被接纳的成员和速度将提高，越来越多的成员接纳创新，创新采用率沿着曲线上升；之后，由于创新被越来越多的成员接受，创新扩散的曲线轨迹将变得平缓；最后，当曲线接近最高时，将达到扩散的临界点，扩散完成。虽然绝大多数创新的扩散轨迹大致都呈现"S"形，但各创新的"S"形各不同。创新扩散的速度越快，曲线斜率越大，"S"形越陡峭；反之，创新扩散的速度越慢，曲线斜率越小，"S"形越平坦。创新扩散的速度取决于创新接受率。一般而言，当一项创新的相对优势越大、可见性越大、兼容性越强，创新被接纳的速度越快；当一项创新复杂度越高时，扩散速度越慢（罗杰斯，2016）。空间创新扩散理论自提出以来，一直是国内外经济学研究的重点。技术创新扩散不仅能提高本区域的生产率，而且通过空间结构的"传递效应"和"增长效应"对周边区域产生影响。创新扩散在推动经济发展的同时，提高社会福利。

第二节 文献综述

科技金融是一种新的经济范式，科技是第一生产力，金融是现代经济的核心，金融发展与技术创新的有效融合成为经济高质量发展的内在要求。在新形势下，越来越多的学者研究科技金融对经济增长的数量与质量效应。然而，产业结构转型升级是现代经济增长的重要特征之一（Kuznets，1966），科技金融在产业结构转型升级过程中发挥着重要作用。围绕科技金融对产业结构转型升级的影响，论文从科技金融、产业结构转型升级、科技金融对产业结构转型升级三个方面对国内相关研究进行述评。

一、科技金融综述

已有文献对科技金融的研究主要从科技金融的特征、运行机制和测度效率四个方面进行。科技金融是现代科技和现代金融发展的产物，完善的制度规范是科技金融发展的有效保障（周昌发，2011）。科技金融不仅通过金融促进企业发展，更是通过金融推动科技创新并以此推进社会经济发展。科技金融效率能够在综合考虑科技金融要素投入与有效产出的基础上，评估地区科技金融的整体发展水平。因此，从科技金融效率出发，能进一步为中国金融业服务于实体经济提供决策参考。

（一）科技金融的特征
科技金融具有以下五点的特征：
第一，科技金融是社会经济发展到一定阶段后产生的内在社会需求，实际上是现代科技与现代金融的结合。在传统的经济形态中，虽然社会发展对科技有所需求，对金融也有所需求，但科技在经济发展中的作用非常有限。而在现代经济社会中，经济由高速增长向高质量发展转型中必须依靠科技的创新，此时科技金融才应运而生，而科技的创新必须有金融发展作为支持（薛澜和俞乔，2010）。因此，在经济转型过程中，科技是第一生产力，金融是现代经济的核心。科技和金融相结合是第一生产力和第一推动力的结合，也是金融服务于科技的一种新方式和途径，其目标是提高国际竞争力，推进现代经济的转型。所以，不同的历史时期对科技金融的解读有所不同。

第二，科技金融是包括金融理论、金融工具、金融政策及相关服务构成的系统性安排。科技金融的建立首先要有理论的支撑，科技金融长期发展的理论基础为经济增长理论、技术创新理论、金融投资理论等。政策是科技金融的灵魂，无论是政府对科技资源的投入，还是市场来实现科技创新的最终成果，都需要政策的引导和激励。工具是科技金融市场的标志，只有不断地解决科技开发、成果转化、高技术企业发展中具体问题的创新金融工具，科技金融才能实现"理论"与"实践"的有效结合。服务是保障，服务主要体现在科技型中小企业对于创业风险投资、科技贷款、科技保险等服务有较大需求。

第三，科技金融的关键是如何处理好技术创新、成果转化和高技术产业化过程中政府与市场的关系。由于科技产品具有极强的外部性，科技金融必然面对市场失灵的问题；又因为科技创新的主体是企业，科技创新的成果最终是依靠市场来实现。因此，科技金融从根本上是基于市场机制的金融解决方案。由于科技金融存在市场失灵的问题，所以还需要政府政策加以引导和提供银行贷款等服务（赵昌文和陈春发，2009）。

第四，科技金融的核心范畴是创业风险投资。创业风险投资为创新型、处于生命周期前期的中小企业提供融资支持，在承担风险的同时，分享企业的收益，促进企业技术创新并推动技术扩散。因此，创业风险投资是与科技型中小企业风险—收益结构最为匹配的类型。此外，创业风险投资分为公共创业风险投资和私人创业风险投资。公共创业风险投资和私人创业风险投资的结合是必然选择，在科技型中小企业成长的初期阶段，政府直接提供资金的支持可以缓解企业的融资问题。但从长期来看，政府改善融资环境比直接提供资金更为重要。由于市场失灵，私人创业风险投资面临着融资缺口，而公共创业风险投资的作用在于弥补私人创业风险投资的融资缺口。

第五，科技信贷或科技银行是科技金融最主要的范畴。此处的科技银行不是机构意义上的科技银行，而是功能上的科技银行，即为科技型中小企业提供融资服务的平台、机构，乃至机制。由于科技银行的风险——收益结构与科技型中小企业不匹配，科技型中小企业可能会面临融资瓶颈。所以，科技金融发展亟须解决的问题是科技银行与科技型中小企业风险—收益不匹配,盘活金融存量,为科技型中小企业提供融资支持(肇启伟等,2015)。中国的科技银行存在三种模式:科技支行、科技小贷公司和科技债权融资平台。其中,科技支行与科技小贷公司各有优劣,相对于科技小贷公司,科技支行信贷利息较低,但科技小贷公司在融资额、业务创新等方面优于科技支行。因此,在科技金融的发展中,应同时发挥两者的优势,应给予科技小贷公司以政策支持并合理提高其杠杆率,同时设立风险准备金以提高科技支行的积极性(朱鸿鸣等,2011);科技债券投融资平台是科技银行的一种创新。

(二)科技金融的运行机制

赵昌文(2009)通过《科技金融》一书比较全面地描述了科技金融的作用机制,主要包括科技金融市场机制、科技金融政府机制和科技金融社会机制三大类。科技金融市场机制包括以下三个:①价格、供求和竞争机制;②科技金融政府机制的作用主要是政策的引导和行为规范,弥补市场失灵的风险,优化科技金融环境,对资本市场进行监督等;③金融社会机制是在特定社会制度和文化背景下形成的社会关系网络对高技术企业融资的作用机制(洪银兴,2011)。其中科技金融市场机制是配置科技金融资源、决定科技金融体系的构成及运行的主导机制,科技金融政府机制对科技金融体系起到了引导和调节作用,科技社会机制是对科技金融市场机制的补充,具有不可替代的作用。随后,薛澜和俞乔(2010)肯定了《科技金融》这本著作的理论价值,并提出科技和金融的结合促进了科技开发、推动了企业的自主创新,实现了经济发展方式的转变。其他学者认为科技金融的运行机制主要体现为政府通过建立风险共担机制和风险补偿机制引导金融机构支持科技创新(国丽娜,2015)。具体表现为三个方面:①通过补贴、补助、代偿等方式鼓励银行、保险等金融机构进行科技创新,如西安高新区对参与科技保险的科技企业给予资金补贴。②政府出台鼓励政策,引导民间资金进入创业投资机构、科技小贷公司、信用担保公司,为科技型中小企业提供融资服务。如江苏省出台政策引导民间资金在高新区组建科技小额贷款公司。③财政资金、民间资金、金融资本等多种融资渠道的组合式创新。如浦发银行与天津市科技委合作,为科技型中小企业创新基金项目提供无担保的小额授信。胡援成和吴江涛(2012)进一步提出金融和科技结合的前提是建立科学合理的评估体系和搭建投融资对接平台,从而实现金融机构和新兴企业信息共享、风险分担和资源合作的共享机制。科技金融是现代科技和现代金融发展的产物,完善的制度规范是科技金融发展的有效保障。在保障科技金融发展方面,有效的制度安排可以在科技创新投入中起到积极的引导、激励和保障作用。具体而言，制度保障科技金融发展的功能体现在四个方面：①弥补市场机制的不足。由于市场机制无法自动调节科技资源、金融资源的有效配置，这时就需要一种力量引导市场体系的运行（孔祥毅，2003），这个责任无疑落在政府肩上。政府为科技企业、金融机构提供具有执行效力的规范性文件，为金融支持科技发展提供制度指引和可供操作的机制模式。②促进资源与要素的有效整合。通过建立促进科技金融长足发展的综合服务平台，实现科技资源与金融服务、科技企业与金融机构有效整合。③推动科技型企业发展壮大。科技型企业所生产的高科技产品具有开发周期长、开发成本高、开发风险大的特点。在高技术产品研发中，需要一批高素质研发技术队伍。而科技型企业与传统行业相比，又很少有固定、可供抵押的资产，科技型企业面临较大的融资缺口。通过创新金融服务模式搭建综合的联动平台，使金融资源能有效为科技创新服务，从而化解融资瓶颈。④推动经济跨越式发展。当前国家从战略高度引导科技与金融的有效结合，助推科技型企业更好地解决融资难题，帮助企业做大做强，从而加快经济发展方式的转变，实现以科技创新驱动金融创新，以金融服务提速经济发展。

（三）科技金融效率测度

通过对已有文献的梳理，发现学术界围绕着科技金融效率的测度展开了丰富的研究。科技金融效率是指在其他要素投入给定的情况下，金融市场为企业的创新活动提供的资金支持以及研发部门用于科技创新的人力投入与产生的科技产出之间的比率（马玉林等，2020）。已有文献对科技金融的测度有两种类型：

第一类研究是采用科技经费投入、政府科技支出、金融机构科技贷款和创业投资支持等单一指标衡量科技金融效率（张玉喜和赵丽丽，2015；黄继忠和黎明，2017；张玉华和张涛，2018）。汪淑娟和谷慎（2021）以财政科技支出额、科技贷款额、创投管理资本额以及科技资本市场融资额的加总值来度量科技金融发展水平。研究发现，科技金融能显著促进我国经济高质量发展。其中，科技金融对创新发展的促进作用最强。科技金融是金融资源在创新领域的聚集与规模化，能够增加创新融资、降低创新风险及提高创新效率，进而助推经济实现创新发展。这些研究对于衡量科技金融发展水平具有重要意义，但单一指标只能衡量科技金融发展过程中的局部特征，投入与产出指标的简单加总也不能全方位客观地揭示中国科技金融的发展水平。

第二类研究是采用数据包络分析方法（Data Envelopment Analysis，DEA）对科技金融效率进行测度分析（黄瑞芬和邱梦圆，2016；甘星和甘伟，2017；

胡苏迪，2018）。如杜金岷等（2016）采用三阶段 DEA 中的 BCC 模型对科技金融效率的投入产出效率进行测算。在构建科技金融投入产出中考虑到环境因素的影响，结果发现不同省份的科技金融效率差异较大，规模效率较低是制约中国科技金融发展的主要原因。戴志敏等（2017）采用 DEA 中的 CCR 模型对 2004~2014 年中国科技金融效率进行测度，研究发现中国科技金融效率整体水平偏低。李俊霞和温小霓（2019）基于金融资源和创新成果的视角，通过构建 Bootstrap–DEA 模型和 Malmquist 指数模型，得出我国整体科技金融资源配置效率尚未达到有效状态。以上研究在构建科技金融投入与产出指标中具有相似之处，集中在财政科技拨款、金融机构贷款、R&D 经费投入、技术市场成交额、发明专利申请授权数等方面，但仍存在部分指标与科技金融的发展无直接关联，未能客观考察中国科技金融的发展水平。在研究视角层面，对科技金融效率的规律和空间特征的分析主要从分部动态、区域差异和空间演进三方面进行。首先，对于科技金融的分布动态，已有研究主要采用传统的核密度估计和动态 Kernel 密度（刘华军等，2020）等方法，通过动态分布图、直观图揭示科技金融效率的演进规律。如王仁祥和杨曼（2018）利用传统非参数核密度估计方法，对区域科技和金融的耦合效率进行差异性分析，发现科技与金融的耦合效率在整体上有所改善，但区域内和区域间的差异仍较为明显。沈丽和范文晓（2021）采用 Dagum 基尼系数分解法测度科技金融效率的区域差异，并分别从静态和动态 Kernel 密度揭示了科技金融效率的动态演进特征。其次，关于区域差异的测算和分解，泰尔指数（刘华军等，2018）和基尼系数（林春等，2019；刘传明等，2020）是比较常见的方法。如戴志敏等（2017）采用泰尔指数对科技金融区域差异进行分解，研究发现区域内差异是科技金融区域差异的主要来源，区域间差异呈现出收敛趋势。但就单个方法而言仍存在不足（张龙耀和邢朝辉，2021），需要结合分部动态来进行综合考量，才能全面地反映科技金融效率的空间特征。最后，在科技金融空间相关性的研究中，祝佳（2015）运用四阶三角剖分权重矩阵的空间计量模型，分析创新驱动与金融支持的区域协同性，发现我国技术创新与金融发展之间存在空间互动效应，但区域协调发展程度较低。张芷若和谷国锋（2019）运用熵值法设定权重，测算出科技金融与科技创新系统的耦合协调度。

二、产业结构转型升级综述

已有文献对产业结构转型升级的研究主要从产业结构转型升级测算及动力两个方面展开。产业结构转型升级是经济活动在部门间的重新分配（Kuznets，

1966），在不同的历史和经济发展阶段，产业结构转型升级的内容有所不同，学者普遍采用产业结构的高级化和合理化来度量。此外，学者们对于产业结构转型升级动力的讨论大体上从需求驱动和供给驱动两个维度展开。

（一）产业结构转型升级的测算

从宏观角度来看，产业结构升级包括产业结构高级化和产业结构合理化。产业结构高级化是指经济结构由低水平向高水平演化的过程，可以用产业结构份额比例上的相对变化来刻画此过程（鲁钊阳和李树，2015；袁航和朱承亮，2018）。产业结构升级一般遵循克拉克定理，三产增加值占二产增加值的比例衡量产业结构高级化的量（干春晖等，2011）。这种衡量方式也忽视了产业结构演变的本质，进而导致"虚高度化"。产业结构高级化的质不仅是各产业比例的变化，而且还涉及劳动生产率的份额，因此把劳动生产率所占的比重作为权重赋予三大产业关系上得到产业结构高级化的质（刘伟等，2008）。此外，产业结构升级也涵盖各产业的均衡程度，即合理化。产业结构合理化集中表现为产业之间的协调能力和关联程度。一般地，衡量产业结构合理化的方法有两种，即产业结构偏离度和泰尔指数。从微观角度来看，产业结构升级是物质资本深化的结果。在资本深化过程中形成偏向型技术进步，一方面，物质资本对低技能劳动者具有"挤出效应"，通过挤出低技能劳动降低劳动收入份额（黄先海和徐圣，2009；陈宇峰等，2013）；另一方面，物质资本对高技能劳动的依赖性增强，通过改变劳动技能结构而提高劳动者份额（张国强等，2011；马红旗等，2017）。城市层面的产业结构升级根据 Hausmann 等 (2007) 提出的技术复杂度来衡量，通过技术复杂度构建的产业结构升级指标主要聚焦于工业部分各细分行业，从整体上刻画了制造业升级路径和升级程度（周茂等，2016）。技术复杂度细分为产品的技术复杂度（PRODY）和国家的出口技术复杂度（EXPY）。从产业结构转型升级的结果来看，产业结构升级的结果是在生产中高端产品的比重不断增加，在高端产品领域获得比较优势或已有比较优势得到加强。其中，产品的高端程度多采用 PRODY 指数和 EXPY 指数。比较优势可采用 Balassa（1965）引入的 RCA 指标。PRODY 指数以产品出口国的人均 GDP 的加权平均值来估计该产品的技术，当产品是由较高人均 GDP 国家出口时，意味着产品具有更高的技术复杂度；EXPY 则是一国出口产品技术复杂度的加权平均值，以该产品出口占该国出口份额为权数；RCA 指标衡量该国在该产品上占全球出口份额与该国总出口的全球份额之比。此外，还有学者根据具体行业在产业链中的位置来判断经济结构。这种方式表征的是价值链的升级，产业结构升级取决于生产工序的难易程度及产品增加值核算的准确性，技术进步是根本动力。总体而言，众多学者普遍采取产业结构高级化和合理化度量产业结构的转型升级。

（二）产业结构转型升级的动力

从当前研究成果来看，产业结构转型升级的动力大体上可分为两类：一类是需求驱动，强调恩格尔定律等需求因素对产业结构的影响。即各行业消费对总消费的贡献强度会随着经济发展而不断变化，也正是消费偏好的非一致性驱动产业结构的变化。另一类是供给驱动，强调不同行业生产技术的差异，产业结构是随着资本积累和技术进步的变化而变化的。

在需求驱动层面，学者认为非一致性偏好是导致产业结构转型升级的根本原因。产业结构的主流观点主要聚焦需求侧（Kongsamut et al.，2001；Ngai & Pissarides，2007；Acemoglu & Guerrieri，2008；Foellmi et al.，2008；Boppart，2014）。随着时间的推移，当消费者偏好的非一致性衰减为一致性偏好时，产业结构也随之不变。在这一过程中，整体经济的增长率呈现出先上升后下降的态势，最终实现稳定增长。Kongsamut 等（2001）为产业结构升级理论的奠基之作，他通过引用非一致性偏好构建多部门增长模型：假设经济存在 J 个行业部门，各行业初始技术水平给定，并假设各行业技术进步率相同，劳动能够在各行业间自由流动，不存在供给因素对产业结构变化的影响。也就是每个行业都是在给定的技术水平下生产行业产品，每个行业产品为最终消费品。家庭具有不变跨期替代偏好，效用函数是非一致性的形式。研究表明由于消费者对不同产品的偏好程度不同，随着收入水平的提高，需求弹性大的部门产值增长更快，导致生产要素向此部门流动。并且认为在产业结构的变化过程中，农业部门的就业比重会下降，工业和服务业部门的就业比重会上升。此外，产业结构的变化随着经济发展而驱缓，其衰减速度取决于技术进步率。随之，Buera 和 Kaboski（2012）以 Stokey（1988）思想为基础引入了序列消费偏好：经济发展过程中新产品会不断被发明和生产，因为不断产生新的行业，但随着产品种类的不断增长，新产品对经济的影响会越来越小，从而产业结构的变化也趋于平缓。Comin 等（2016）通过引入非一致性 CES 消费加总，对标准 CES 加总的改变是允许各行业消费的收入弹性不同。研究表明：收入弹性相对较大的行业，其就业比例也会不断上升。产业结构变化不会随着经济发展而衰减，因为无论行业结构如何变化，总消费都会随着技术进步而不断增加，因而不同行业的消费水平会持续变化，行业就业比例也随之调整，直到经济逐渐收敛到一个行业。Hori 等（2015）从消费外部性的角度提出产业结构变化的机制，在效用函数中引入社会基准消费，从而考虑行业消费习惯的差异对产业结构的影响。Foellmi 和 Zweimuller（2002）假设企业具有垄断定价能力，而贫富分布状况会影响消费者的支付意愿，进而影响企业的定价，由此形成产业结构的变动。李尚骜和龚六堂（2012）构建包括农业、工业和服务业的三部门经济增长模型，并将非一致性偏好引入模型，假设农业部门存在维持生存消费，而服务业部门存在自我提供服务，由此在农业和服务业部门内部就存在各自的偏好结构，而且将各部门内部偏好结构的变化视为经济代理人自主决定的内生行为。研究得出内生偏好结构的变化引起了消费结构的变化，进而带来了产业结构的变化。此外，投入—产出联系对产业结构变迁的作用机制有两个渠道（Sposi，2019）。一方面，制造业生产率的提高对价格的影响取决于服务业作为中间品在制造业生产中的投入力度。相应地，与发达国家相比，发展中国家在经济增长中多以制造业为主。因此，对于发展中国家而言，制造业生产效率的提高会带来制造业价格大幅度的下降。另一方面，产业结构变迁由收入效应、Baumol效应、比较优势变化和投入—产出联系的变化所驱动，最终需求模式的变化取决于投入—产出的联系。

在供给驱动层面，强调跨部门（技术、要素密集度、要素间的替代弹性、生产效率）差异导致产业结构转型升级。多部门增长理论指出经济结构升级的两种机制为实际收入和相对部门价格的变化。一方面，要素资源在各部门之间的分配和整合可能是由于实际收入变化所致。随着收入的变化，不同商品之间的边际替代率亦发生变化，为满足消费者对较高层次的商品需求，企业转向生产高端商品，最终导致要素资源在部门间重新分配（Kongsamut et al.，2001）。另一方面，各部门经济活动的重新分配可能由于相对部门价格的变化所致，而相对部门价格的变化是由技术差异所驱动。部门差异细分为技术进步中的部门差异、要素密集度的部门差异和要素之间替代弹性的部门差异。主要体现在以下三个方面：①在技术进步中的部门差异中，假定消费者具有同质偏好，企业具有劳动和资本两种生产要素。通过构建多部门增长模型，沿着均衡增长路径，如果商品间的替代弹性大于 1，劳动力会转向生产效率较高的部门。商品间的替代弹性小于 1，劳动力会流向生产效率较低的部门。因此，经济结构变动是由技术进步的跨部门差异所驱动的相对价格变化所致（Ngai & Pissarides，2007）。②在要素密集度的部门差异中，假设技术进步在各部门之间是中性（Caselli 等，2001），劳动力分为技术型和非技术型。随着资本—劳动比例的上升，有助于降低资本密集型商品的相对价格，增加技术型劳动力的供给，进而促使劳动力流向资本密集型部门（Acenoglu & Guerrieri，2008）。③要素之间替代弹性的部门差异。资本—劳动比率不同速度的增长，会驱使要素收入份额的变化。当资本—劳动比率上升时，劳动力资源会变得相对昂贵，资本变得相对充裕，劳动与资本替代率较高的部门会更容易从劳动密集型转向资本密集型（Alvarez Cuadrado et al.，2017）。传统产业结构变迁理论认为，对于发展中国家或处于转型中的国家而言，产业结构变迁的主要动力为生产要素的跨部门流动带来的生产效率的提升。由于不同部门间生产效率存在差异，而生产要素会从生产效率低的部门自由流向生产率高的部门，进而带来产出增长。然而，由于不同地区生产效率、区域内教育及迁移成本存在异质性，劳动力往往不能自由流动。作为对传统产业结构变迁理论的拓展，将空间因素纳入到传统模型中，并采用 OLG 模型，即每个个体只生存两期，劳动者在年轻通过努力工作获取收入，并进行储蓄以平滑其终生消费。当老年时，个体消费其年轻时的储蓄并养育下一代，下一代重新选择工作部门，以此世代交叠。假定产出函数满足常替代弹性，劳动力的跨区域流动存在摩擦，受当期预期效应、转移成本、基础设施等因素影响，技术由全要素生产率和区域特有的生产效率两部分构成。因此，当考虑到空间转移成本时，劳动力总体转移率和净转移率具有差异，即个体跨区域流动具有异质性。同时，产业结构变迁过程中区域间的福利差异也有所下降，特别是对于低技能劳动者尤为明显（Peters & Eckert，2016）。在开放经济经济模型下，国家产业结构变迁的关键在于比较优势，包括国家的技术创新能力、要素禀赋和产业配套。在面临国际竞争时，国际贸易通过收入效应和相对价格效应引起部门支出份额的变动，进而影响产业结构的变化（Imbs et al.，2012）。

三、科技金融与产业结构转型升级

已有文献对科技金融与产业结构转型升级的研究主要从科技金融在产业层面的研究、科技金融对企业创新的研究、科技金融对企业融资发展的研究、科技金融对经济增长的研究、金融发展对产业结构转型升级的研究、技术创新对产业结构转型升级的研究六个方面展开。科技金融主要通过产业与科技创新的耦合协调（张芷若和谷国峰，2019），发挥创新在科技金融与产业之间的纽带作用，形成要素组合的新优势，实现产业结构转型升级。

（一）科技金融在产业层面影响的研究

现有文献聚焦于科技金融的产业层面，形成了比较丰富的研究成果。科技金融体系的形成，有助于推动科技创新型企业和产业的发展。张玉华和张涛（2018）着眼于生产性服务业与制造业协同集聚水平，通过构建动态空间杜宾模型进行实证检验，研究发现：一方面，科技金融通过研发经费投入和政府科技投入集聚要素资源，提高技术创新效率，促进生产性服务业与制造业协同集聚发，推动我国经济结构的转型。另一方面，科技金融水平的提高促进了区域人才和信息的流动，有利于行业间知识、技术交流，推动地区经济发展。季菲菲等（2013）也是从空间经济学的角度论证科技金融的发展推动了产业结构转型以及创造新的产业空间。章奇（2016）立足第二产业结构，研究发现建设第二产业联动发展必须发挥科技金融与产业发展之间的催化作用，融合创新发展，形成要素组合的新优势，推动第二产业结构调整。段世德和徐璇（2011）认为，科技金融是促进科技创新和推动科技成果产业化的重要力量，在推动我国战略性新兴产业的发展及实现经济结构转型过程中，同质的金融资源与异质的科技创新相结合，能够加快传统金融向现代科技金融转变。赵稚薇（2012）以高技术产业为研究对象，按资金来源将科技金融划分为三类：政策性科技投入、市场性科技贷款与创业风险投资，运用数据包络法（DEA）测度技术创新的效率，研究表明政策性科技投入对技术创新的作用效率为正，金融贷款具有推动作用但并非显著，创业风险投资具有抑制作用。借助相似思路，崔艳娟和赵霞（2013）将科技金融简化为政策性科技金融和金融机构科技贷款，通过构建生产函数验证了政策性科技金融有利于中小高新技术企业的发展，而金融机构科技贷款波动不利于科技发展。郭燕青和李海铭（2019）着眼于制造业创新效率，使用系统广义矩阵估计方法研究科技金融对制造业创新效率的影响，选取企业创新投入、政府创新支持、商业银行科技信贷和风投支持作为科技金融的代理变量。研究发现：较高的企业自主创新能力和科技信贷水平能显著提升制造业创新效率；而政府支持和风投支持对制造业创新效率的影响不明显。

（二）科技金融对企业创新影响的研究

关于科技金融对科技创新的研究，金融与创新的关系最早是由熊彼特（1934）在其著作《经济发展理论》中提出，他认为货币、利息等金融要素是影响技术创新的重要因素。特别是开发性的金融机构能促进企业创新（George & Prabhu，2003）。金融体系具有提高储蓄—投资转化效率、增加投资（Merton & Bodie，2004）以及激发企业家精神、提高资源配置效率、促进技术进步等重要功能（Beck et al.，2000；Levine，2005）。Perez（2003）进一步指出，金融资本的逐利性和技术创新的高回报率促进了两者相结合，最终促进了技术创新和金融发展。学者普遍认为，政府可以通过公共政策弥补市场的信息不对称、道德风险等问题，缓解科技创新的融资约束，促进科技和金融的发展（Hyytinena

& Toivanen，2005；Ang，2010）。不仅如此，徐玉莲和王宏起（2012）基于Bootstrap仿真方法，同样论证了科技金融对技术创新具有促进作用。有效的科技金融支持是科技创新的必要条件，科技创新水平通过影响科技金融的投资利润，从而影响政府公共科技金融的产出绩效，因而科技金融和技术创新两者之间并不是线性关系，而是相互作用、协同发展（王宏起和徐玉莲，2012）。张玉喜等（2015）采用中国省级层面的面板数据，结合静态和动态数据模型，实证检验了科技金融对科技创新的作用效果，研究表明：短期内科技金融能提高企业的创新能力，长期内科技金融对企业创新没有明显的效果。其中政府财政科技投入、企业自由资金和社会资本是影响企业创新的主要因素。杜江等（2017）运用省级面板数据，研究发现我国各地区的科技创新能力表现为明显的空间相关性，科技金融对地区的科技创新能力具有明显的推动作用。黄继忠和黎明（2017）立足于高技术产业，选取企业自主创新投入、政府支持、科技信贷和风投支持作为科技金融指标，实证分析科技金融对创新效率的影响。研究得出科技金融的发展在一定程度上提高了高技术产业的创新效率。

由于地区科技金融的发展会促进科技和金融的结合，缓解企业的融资约束，进而推动地区科技创新；地区创新水平的提升可能会提高本地资本投资回报率，进而吸收更多的资本汇聚，促进科技金融的发展。这说明科技金融与技术创新可能存在双向因果关系，进而导致内生性问题，估计结果也会出现偏误。为了解科技金融与技术创新的内生性问题，拓宽对科技金融与技术创新关系的认识。学者们普遍将科技金融作为一项"准自然实验"，评估科技金融政策的实施是否对技术创新起到立竿见影的效果。具体来看，马凌远和李晓敏（2019）将2011年设立的首批"促进科技和金融结合"试点作为渐进式改革的一部分，利用双重差分法识别科技金融政策对科技创新的因果效应。研究发现：科技金融政策能显著提升地区的创新水平。科技金融政策对创新水平的影响路径有三点：①科技金融政策的实施，意味着政府在公共金融方面加大了对科技创新的投入，科技创新企业将会从政府活动风多的金融支持，进而会弥补科技创新的金融资源不足，促进地区科技创新水平的提升。②科技金融政策通过建立科技创新的风险分散机制促进企业的研发创新投入，进而提升地区的科技创新水平。③科技金融政策通过建立科创企业的筛选机制引导金融资源流向优质科创企业，进一步提高信贷资源配置效率，进而促进地区的科技创新。进一步地，吴净（2019）着眼于民营上市公司，利用双重差分法（DID）评估科技和金融的结合试点对民营企业创新水平的影响。研究表明，科技金融试点城市显著提升了民营企业的创新水平，且科技金融对民营企业创新的提升作用随政策的推进呈现出递增趋势。

（三）科技金融对科技型中小企业融资的研究

从现有研究成果来看，国内学者对于科技金融的研究更多地立足于中观产业，对于科技金融在企业层面的研究相对较少。作为创新活动的实践者，科技型中小企业为当之无愧的"创新生力军"，在实现我国经济发展方式转变、经济结构调整及自主创新能力方面发挥着重要作用。由于商业性金融以审慎经营和追求利润最大化为目标，所以对科技型中小企业提供资金具有较高的门槛，融资难成为制约科技型中小企业成长的瓶颈。为缓解科技型中小企业的融资问题，政策性金融应充分发挥其政策性引导与资金扶持，尤其在科技型中小企业成长的初期政策性金融的支持尤为重要。叶莉等（2015）立足于微观企业，着力考察科技金融的创新效率。研究中将科技金融划分为政策型融资、自主型融资和被动型融资三类，建立基于"政府—企业—银行"三方三阶段博弈模型与静、动态面板数据模型，以科技金融方式与创新产出的关系为跳板，从理论和实证两个层面对企业主要融资工具的产出效率进行探讨，揭示出政策型和自主型融资能带来企业创新成果数量、质量的提升，尤其是政策性融资发挥较强的推动力。即企业创新产出预期数越多，被动型融资主导的科研项目总价值越小，自主型、政策性融资创造出更高的创新价值；企业科技产出新颖度越高，被动型融资引致的科研项目总价值越小，自主型和政策型融资会带来更高的创新价值。钱水土和张宇（2017）则运用沪深 A 股上市公司数据研究发现，科技金融对企业研发投入具有显著的激励效应。科技金融对企业研发投入的激励效应主要体现在缓解企业融资约束、拓宽企业研发融资渠道及增强产品市场竞争力等方面，相比于低研发投入企业，科技金融发展对于高研发投入渠道具有更强的激励效应。付剑峰和邓天佐（2014）通过案例分析法论证科技金融服务机构能够支持科技型中小企业的融资发展。一批科技金融服务机构通过资源整合、模式创新等不断探索，在传统金融制度下走出了一条支持科技型中小企业融资发展的新道路，特别是科技金融服务公司构建的云融资服务平台。云融资服务平台为科技型中小企业提供了一个展示企业信息和融资需求的平台，能够在一定程度上缓解金融机构与科技型中小企业之间的信息不对称性，有助于降低交易成本和沟通成本，从而提高金融系统的运行效率。

（四）科技金融对经济增长影响的研究

内生经济增长理论认为，除了资本和劳动力要素外，内生的技术进步是保证经济持续增长的决定因素。科技金融通过科技间接促进经济增长，科技金融与经济增长之间存在一定的因果联系。科技活动包括基础设施与人员投入、研发活动及科技成果转化三大环节。科技金融水平能够为各环节的科技活动提供资金支持,通过推动科技发展,提高一个国家或地区科技转化为现实生产力的能力,因此成为促进经济增长的关键因素。科技金融对经济增长的作用不仅体现在科技活动投入和产出环节,尤其体现在科技成果转化为现实生产力的环节上。科技成果转化为现实生产力的载体是科技型企业,科技型企业的成长需要市场环境的培育。因此,在市场经济发育程度不同的地区,科技金融发展对经济增长会产生不同的作用效果。刘文丽等(2014)从科技活动资金来源的角度,按照"科技活动经费投入——产出效率"的思路构建科技金融发展指数,选取科技金融经费指数、科技金融贷款指数、科技金融产出指数为一级指标,研究发现科技金融发展能够推动东部地区的经济增长,而未能促进中西部地区的经济增长。汪淑娟和谷慎(2021)从"创新、协调、绿色、开放、共享"五个维度构建高质量发展评价体系,以财政科技支出额、科技贷款额、创投管理资本额以及科技资本市场融资额的加总值来度量科技金融的发展。研究发现:科技金融能够显著促进我国经济高质量发展。分维度来看,科技金融对创新发展的促进作用最强,依次是共享发展、绿色发展和协调发展,而对于开放发展的影响不显著;分地区来看,科技金融对经济增长的激励效应呈现出东、中、西递减趋势。还有学者主要采用空间计量模型探讨科技金融与区域经济增长之间的关系,研究一致认为科技金融能够促进我国经济增长,但存在地区差异。张芷若和谷国峰(2019)通过构建科技金融发展水平综合评价指标体系,基于空间计量方法从科技金融融资环境、科技金融经费力度、科技金融融资规模及科技金融产出能力四方面验证科技金融对区域经济增长的影响。研究表明:科技金融发展水平对我国区域经济增长具有显著的促进作用,但提升速度缓慢,各地区发展不平衡,形成了"东强西弱"的趋势。同样,周春应(2021)从科技金融资源、科技金融经费和科技金融产出三个维度构建科技金融发展水平指标体系,基于空间计量方法验证科技金融对我国经济增长具有空间溢出效应,不仅体现在促进本地区经济增长,而且对邻近地区的经济增长也有显著的提升作用。

国外学者对科技金融的研究尚未形成一个完整的范畴,但是针对科技与金融等领域的研究与我国科技金融设计的研究范畴大体一致。Samila(2011)提出,股票市场以及创投公司的深化发展有助于激发企业创新活力,推动经济持续发展。企业进行的创新创业活动是金融发展作用于长期经济增长的基础渠道(Allen,2016)。Marty(1961)验证了国家银行系统通过支持科技创新对经济发展具有推动作用。King和Levine(1993)指出,金融与创新的结合是一国经济增长的主要因素,完善的金融市场能为企业的创新提供资金并分散相关风险,提高技术创新成功率，进而促进经济的发展。其中，金融为创新活动提供的四种服务为企业家评估、资金筹集、风险分散以及创新预期收益评估。Amore 等（2013）以专利作为企业创新的衡量指标，研究发现美国州际银行放松管制促进了企业创新，并且银行地域多元化是银行愿意承担风险的重要决定因素，有助于技术进步和经济增长。

（五）金融发展对产业结构转型升级影响的研究

从前文产业结构转型升级的动力可知，驱动产业结构转型升级的两种动力来自于需求端和供给端。需求内生驱动也称为"收入效应"。随着收入的增加，人们的消费结构因产品间的收入弹性不同而发生变化，从而由需求端拉动产业结构转型升级（Fisher，1939；Kongsamut et al.，2001）。供给端也称为"替代效应"。随着技术进步，部门间产品价格因技术差异而发生变化，从而由供给端推动产业结构转型升级（陈体标，2008）。金融体系通过激发企业进行技术创新促进产业技术进步，进而通过"替代效应"推动产业结构转型升级。然而，不同类型的金融体系对产业结构转型升级的推动作用不同。一般而言，市场主导型的金融体系在促进产业结构转型升级方面更具有优势（Fuerst，1999；Allen，2000）。

结构转型是经济增长的重要特征，金融发展（包括金融深化和金融结构）在产业结构转型过程中发挥着重要作用（Antzoulatos & Apergis，2011；吴爱东和刘东阁，2017；杨可方和杨朝军，2018）。理论上，金融发展通过加强监管与公司治理，降低金融市场摩擦，减少代理人问题和道德风险，放松企业面临的融资约束，提升资本配置效率（Levine，2005；Hall & Lerner，2010）。金融发展还有助于发现新商机、新技术的潜在企业家获得贷款，进入行业并参与竞争，淘汰原有的低效企业，提升行业整体的生产力（Laeven et al.，2015），进而加速"破坏性创新"。而发达的金融市场有利于资本密集型技术的发展，跨越使用新技术的障碍（Comin et al.，2019）。

特别地，提升金融资源的可得性对于产业结构转型升级及企业创新尤为重要（范方志和张立军，2003；邵宜航等，2015）。进一步讲，金融发展通过动员储蓄（Levine，1991）、优化资源配置（Greenwood & Jovanovic，1990）、分散风险（张一林等，2016），从而缓解企业创新的融资瓶颈，促进生产向中高端转型。特别是在新兴产业的成长过程中，银行发挥了显著的推动作用，促进产业结构转型（Da & Hellmann，2002）。褚敏和踪家峰（2018）具体到东北三省，发现金融深化通过优化资源配置，抑制工业的"粗放式"增长，促进生产向中高端转型。张宽和黄凌云（2019）从金融发展的规模、程度、效率三个角度研究发现，金融发展还可以通过贸易开放提升城市的创新质量。朱玉杰和倪骁然（2014）考虑到金融发展具有空间依赖性和空间溢出效应，基于空间面板 Durbin 模型研究得出，从直接效应和间接效应来看，金融相关比的增加显著促进了产业结构升级，而金融规模存量增长与二、三产业发展水平呈"U"型关系。易信和刘凤良（2015）将经典熊彼特内生增长模型扩展为包含金融中介部门的多部门熊彼特内生增长模型，通过数值模型定量研究金融发展对产业结构转型的影响。研究发现，金融发展通过技术创新的"水平效应"和"结构效应"加速产业结构转型升级。"水平效应"表现为金融体系深化发展通过减少全部行业因信息不对称带来的外部融资成本，进而降低在行业层面的金融市场摩擦系数，由此促进全部行业的技术创新活动，在此基础上通过结构转型的"替代效应"影响产业结构转型速度。同样，"结构效应"表现为金融体系深化发展通过减少不同行业因信息不对称带来的外部融资成本，进而降低在行业层面的金融市场摩擦系数，由此促进不同行业的技术创新活动，在此基础上通过结构转型的"替代效应"影响产业结构转型方向。同时，庄毓敏等（2020）基于一般均衡模型分析表明，在均衡状态下，金融发展可以在经济的发展中将储蓄转化为投资的效率、缓解信息不对称，有效降低研发部门的外部融资成本，从而促进企业增加研发投入，并推动经济向高速增长。因此，为了发挥金融体系推动产业结构转型升级作用，不仅需要促进金融体系深化发展，增强金融体系服务技术创新与实体经济的能力，而且要协调好金融体系与产业体系的结构关系，实现金融发展与产业之间的最佳耦合。罗超平等（2016）通过构建金融发展对产业结构转型升级的 VAR 模型，对金融发展与产业结构转型升级的长期均衡和短期动态关系进行考察，研究表明，金融经营效率、金融规模、金融产出率、金融结构比例和产业结构升级率存在长期均衡关系。从长期来看，金融发展促进了产业结构升级，金融规模、金融经营效率以及金融结构比率是促进产业结构转型升级的因素；从短期来看，金融规模对产业结构转型升级的推动作用较强，金融产出率对产业结构转型升级具有一定的推动作用，金融机构效率与金融结构比率对产业结构转型升级的推动作用较小。

然而，学术界也存在另外一种观点。由于中国赶超战略导致金融抑制和所有制歧视（林毅夫等，1994），中国的信贷市场是低效的，资源配置被扭曲，相比较股票市场，中国的信贷市场并未促进产业结构转型升级，金融发展的滞后阻碍了我国产业结构的转型升级（张晓燕等，2015）。同样，王勋和 Johansson（2013）也认为，在有政府干预和偏好工业部门发展的国家，金融抑制阻碍了经济结构转型。金融抑制程度越高，经济中服务业相对于制造业的比例会越低。此外，由于存在金融错配问题，金融资本并未有效进入创新环节，所以金融发展对产业结构转型升级支撑明显不足（杨先明和王希元，2019）。曾国平和王燕飞（2007）指出，中国金融的畸形发展，导致中国金融发展对产业结构转型升级产生了扭曲效应。王定祥等（2013）通过建立 VAR 模型实证检验了金融发展与产业结构之间的关系，改革开放以来，中国金融发展促进了产业结构高级化，但抑制了产业结构合理化。正如新结构经济学中所指出的，金融发展体系不具有普适性，只有当金融体系与所服务的产业相匹配时，经济系统才能达到最优状态。因此，国内出现了金融发展与产业结构两者交互作用的相关研究。张竣喃等（2020）通过构建技术创新、产业结构与金融发展三系统耦合模型，从时空两个维度做出实证分析，研究表明，我国科技与金融的结合相对滞后，两者之间并未呈现出趋同态势，而中国金融发展与产业结构两者存在较高的空间匹配度。

（六）技术创新对产业结构转型升级影响的研究

产业结构转型升级是经济持续增长的推动力，而提高自主创新能力，加快第三产业的发展是产业结构转型升级的主要动力（江小娟，1995）。科技金融主要通过产业与科技创新的耦合协调，发挥创新在科技金融与产业之间的纽带作用，形成要素组合的新优势，实现产业结构转型升级。国内外学者在创新投入对产业结构升级方面的研究中，学者们认为技术创新能直接推动产业结构升级（Montobbio，2002；Ngai & Pissarides，2007；徐珊，2016）。在创新投入的"协同作用"、产业结构变迁的"趋同效应"及产学研的"协作效应"下（高素英等，2017），技术创新能提高企业的生产效率，实现生产要素由低效率生产部门转向高效率生产部门，进而带来产业结构由低水平状态向高水平状态升级演变，最终实现产业结构高级化（Peneder，2003；Greunz，2004；Krüger，2008）。Morrison 等（2008）认为，产业升级是在创新驱动下，加速创造更多附加值的过程，但只有在竞争环境下的高效率创新和快速度创新才能激发产业结构升级的潜力。Haddad 等（2011）指出，在一定条件下，具有更高研发密度和研发融资需求的行业，在其研发融资需求得以满足的情况下，会带来更多的技术创新成效，进而体现为生产率的提高。而生产率提高较快的行业又体现为更高的经济增长绩效，从而有助于产业结构优化升级。Varum（2009）利用葡萄牙制造业细分行业数据实证分析表明，中高技术行业的创新活动有助于提高劳动生产率。即创新活动有助于使中高技术行业成为生产率增长行业，从而有助于产业结构优化升级。Lucchese（2011）利用六个欧洲国家的细分行业数据，通过刻画技术变动的"新熊彼特"方法，说明行业间技术创新上的差异对一国的产业结构的变动具有重要作用。此外，企业创新水平的提高有助于推动产业技术创新，发展前瞻性的主导优势产业、衍生其他高新技术产业，从质量层面推动产业结构优化升级（韩永辉等，2017）。付宏等（2013）利用2000~2011年中国31个省份的数据，实证检验创新对产业结构高级化的影响。研究表明，创新投入能显著推动产业结构的高级化，创新通过投入研发经费和研发人员来影响产业结构高级化产出。纪玉俊和李超（2015）基于中国2003~2015年的省级面板数据，利用空间误差模型验证了地区创新与我国产业结构升级之间的关系。研究表明，地区创能促进产业结构升级，空间溢出效应是我国地区产业升级不可忽略的关键因素。

在经济发展过程中，技术创新对产业结构转型升级的推动作用往往受到其他相关因素的影响。Motohashi（2005）认为，政府资金支持下的企业创新活动促进了产出增加，进而推动产业结构升级。Lahorgue和Cunha（2004）认为，政府通过创造优良的创新环境，支持低技术中小企业之间的技术交流和构建向高技术企业学习的平台，从而促进产业结构转型升级。同样，毛蕴诗等（2012）也认为，政府需要构建推动技术升级的产业集群平台，提升自动化生产率，以推动中国产业结构升级。然而，丁一兵等（2014）认为，外部融资约束的放松促进了高研发密集度和高生产率增长行业更快发展，进而促进产业结构的优化升级，即融资约束放松通过促进技术创新而对产业结构优化升级产生推动作用。吕政和张克俊（2006）认为，国家级高新技术开发区是驱动中国经济创新发展的高地，是地区高新技术产业发展的重要基地和拉动经济发展的重要力量。显然高新区一直承担着技术创新、产品创新和引导产业结构升级的重任（程郁和陈雪，2013）。然而，袁航和朱承亮（2018）利用1994~2015年中国285个地级市面板数据，采用双重差分法研究国家高新区对产业结构转型升级的影响，研究发现，国家高新区能显著促进产业结构高级化的量，未能促进产业结构高级化的质和产业结构合理化，即并未推动产业结构转型升级。孔宪丽等（2015）基于技术进步偏向性视角，研究各工业行业技术进步偏向特征对技术创新驱动产业结构升级作用的效果，研究表明中国工业行业的创新投入结构对工业结构调整带来引致效应，技术进步的适宜程度直接影响创新投入驱动工业结构调整的效率。此外，李庭辉和董洁（2018）基于LSTAR模型研究得出技术创新与产业结构转型之间是非线性关系，技术创新与产业结构转型升级之间呈现"U倒"型关系。期初，创新水平的提高促进了生产效率的提高，从而推动产业结构转型升级。但随着市场需求的饱和，企业对现有产出的满足使其不再对生产进行调整，并不能推动产业结构转型升级。因此，科技产品需求是产业结构转型升级的主要驱动力。

四、文献述评

在科技金融效率测度的研究中，已有研究采取了不同的测度方法，从不同研究视角对科技金融效率进行了评价，但在测度结果上存在明显差异，这主要归因两个方面：一是在构建科技金融投入与产出指标时集中在财政科技拨款、金融机构贷款、R&D经费投入、技术市场成交额、发明专利申请授权数，仍存在部分指标与科技金融的发展无直接关联，未能客观考察中国科技金融的发展水平。二是一些研究采用的是政府科技活动经费投入资金或金融机构科技贷款额这些单一变量来衡量科技金融水平，而未考虑到这些连续变量的内生性问题。

在产业结构转型升级的研究中，已有文献对产业结构转型升级概念的界定不明确，选取指标有失规范化。明确的概念界定和准确的指标选择是保证结果准确性的前提。在已有文献中，对于产业结构转型升级的研究已经泛化，不同学者对其有不同的概念界定。例如，产业结构升级、产业结构优化升级、产业结构转型升级、产业结构调整等概念存在着混用。

在科技金融与产业结构转型升级的研究中，已有文献从科技金融在产业层面、科技金融对企业创新、科技金融对企业融资发展、科技金融对经济增长、金融发展对产业结构转型升级、技术创新对产业结构转型升级等六个方面开展研究，为接下来的研究奠定了一定的研究基础，但仍然存在以下两方面的局限性：①以金融发展和技术创新作为科技与金融相结合的代理变量，更多的是考察科技金融对产业结构转型升级的单向影响，并没有考虑到两者存在的互为因果关系。事实上，科技金融是一种新的经济范式，科技是第一生产力，金融是现代经济的核心，两者的结合是经济增长的内在动力。经济发展决定金融，金融是依附于经济的一种产业。经济发展的不同阶段对金融有不同的需求，由此经济发展决定了金融发展的结构、规模和层次。同样，经济的高质量发展伴随着技术进步、创新能力提高。因此，科技金融与产业结构转型升级两者存在互为因果的关系。②为促进科技与金融的结合，政府已出台相关科技与金融相结合的政策加速产业结构转型升级。少有文献将科技金融政策纳入研究体系，系统研究科技金融政策对产业结构转型升级实际影响的文献较为缺乏。

在科技金融对产业结构转型升级的作用机制而言，现有文献虽然对科技金融对产业结构转型升级的作用路径进行了研究，但不同的学者从各自不同的视角切入，未进行全面和系统的研究。科技与金融相结合的直接效应是缓解科技型中小企业融资瓶颈，推动企业的创新，提高企业生产率，而企业生产效率的提高是促进产业结构优化升级的主要推动力。但又存在着金融抑制和金融错配，金融资源并未有效进入创新领域，资源配置被扭曲。所以，对于科技金融对产业结构的影响效果仍需进一步探讨。相应地，科技金融对产业结构的作用机制也需系统研究。

在科技金融与产业结构转型升级的实证方面，已有文献采用政府科技活动经费投入资金或金融机构科技贷款额这些单一变量来衡量科技金融水平，并未对科技金融进行准确测度。虽然少有文献考虑到科技金融对产业结构转型升级的空间溢出效应，但仅以是否空间相邻设置空间矩阵未免有些单调。

第三章

科技金融对产业结构转型升级的理论分析

产业结构转型升级是经济发展的必然趋势，科技金融是指基于科技创新的需要，为高技术企业和战略性新兴产业的发展提供投融资服务，以激励企业技术创新。与此同时，金融发展能进一步提升资源配置效率，促进技术创新。不同的技术创新催生出不用的全要素生产率，随着要素在不同产业间的自由流动，产业结构也在不断调整。具体而言，科技金融对产业结构转型升级的促进作用主要体现以下五个方面：①科技金融通过资金储备功能增加创新融资，进而推动产业结构转型升级；②科技金融通过资金配置功能弥补资源错配，促进产业结构转型升级；③科技金融通过筛选机制优化资源配置，加速产业结构转型升级；④科技金融通过监督机制激励企业家精神，促进产业结构转型升级；⑤科技金融通过风险分散机制加大研发投资，引致产业结构转型升级。因此，对传导路径的考察有助于深化对科技金融与产业结构转型升级关系的理解，本章首先对相关概念进行界定，其次，在此基础上着重阐述科技金融对产业结构转型升级的影响路径，并提出科技金融影响产业结构转型升级的重要研究假说。

第一节　概念界定

一、科技金融

在国内，早在 1987 年，"科技与金融结合"课题组在《当代科技与金融结合的大趋势》报告中首次提出"科技金融"的概念。1994年，广西南宁举办了首届中国科技金融理事会，自此学术界便对科技金融相关议题展开研究，此时对科技金融的概念和内容并没有形成独立和完整的范畴。直到2009年底，赵昌文在《科技金融》一书中，对科技金融的概念做出了明确的定义，并获得学者们的认可。自此，科技金融得到学术界和政府的极大关注。科技金融是促进科技研发、成果转化和高技术产业发展的金融工具、金融政策及相关服务构成的系统性安排，是提供金融资源的主体及相应行为活动构成的完整体系（赵昌文等，2009）。科技金融实际上是一个统一的概念，可进一步分为科学金融与技术金融。由于科学与技术的原理、产生机制以及目标不同，因此，针对科学问题与技术问题的金融制度设计和安排也不同。因此，科学问题的金融安排应该发挥政府的作用，而技术问题的金融安排主要应由市场机制调节。由此，科技金融是政府行为与市场机制的有效结合（薛澜和俞乔，2010）。

在国外，虽然科技金融在理论上没有形成完整的范畴，但出现在政府政策研究报告和企业资讯报告中，说明政府和企业界已经关注到科技金融的相关问题。在学术界，国外学者对科技金融的研究主要集中于金融发展、科技创新与经济增长三者之间的关系。诸多学者一致认为，金融有效供给直接影响企业技术创新活动的开展（Schumpeter，1921；Mckinnon，1973；Shaw，1973；Hsu et al.，2014；Seyoum et al.，2015），并强调金融服务于实体经济的能力，金融发展通过引导资本流动，可以有效解决创新主体的融资问题（Lee et al.，2006），又可以为创新投资者分担风险和提供激励机制（Tadesse，2002），以促进资本积累和技术创新的提高。此外，股票市场以及创投公司的发展通过激发企业创新活力，进而推动经济发展（Foster et al.，2008；Sanila，2011）。

二、产业结构转型升级

"产业"一词最早特指农业，是由重农学派提出。经过理论的演化与发展，产业的内涵由原来的特指农业拓展为生产同类产品或提供同类服务的企业，即产业是具有某种同一属性的企业的集合。正如杨公仆和夏大慰（1998）所认为的产业是指生产同类或有密切替代关系产品和服务的企业集合。后来学者对产业的概念进行界定，认为产业是介于宏观和微观之间的概念，是属于中观层次的经济学范畴。对于微观经济学中的企业而言，产业是具有相同性质企业群体的集合；对于宏观经济而言，产业是国民经济基于共同标准而划分的部分。"结构"是指对整体按照某一视角所划分的各个组成部分的排列状态。对于产业结构，早在17

世纪，首先，威廉·配第首次提出国民收入差异主要取决于产业结构差异。随后，1940 年配第·克拉克提出劳动力在三次产业中的结构变化具有一定的规律性，随着社会经济的发展，劳动力由第一产业向第二产业转移，进而向第三产业转移，即所谓的克拉克法则。劳动力在不同产业之间流动的原因在于各产业之间收入的相对差异。其次，西蒙·库兹涅茨（1941）在克拉克法则理论的基础上，提出了比较劳动生产率的概念。之后，钱纳里（1960）将开放性的产业结构理论规范化，提出"标准产业结构"理论，即不同国家在某种经济条件下产业结构是否偏离正常值。在产业结构内部演进方面，霍夫曼通过设定霍夫曼系数量化产业内部各子产业的比例，研究表明随着一国工业化进程的推进，消费品部门与资本品的净产值之比趋于下降。随后，里昂惕夫、罗斯托、筱原三代等一批学者进行深入研究，极大深化了产业结构理论。其中，里昂惕夫开创的运用投入产出法把封闭型产业结构理论定量化，把产业结构理论推升到一个新的高度。最初产业结构的概念尚不规范，此时的产业结构是指产业内部以及产业之间的关系，也可解释为产业内企业的关系和产业的区域结构。随着研究的深化，学者们对产业结构的内涵形成共识。产业结构是指在社会再生产过程中，一个国家或地区的产业组成即资源在产业间的配置状态。现实中的产业结构一般是指农业、工业和服务业在一国经济结构中所占比重。就产业结构转型升级的内涵而言："转型"是指产业结构由高投入、高耗能、低产出、低效益向低投入、低耗能、高产出、高效益的转变过程，最终实现资源配置的合理化和产出的高效化。"升级"不仅是产业结构由第一产业向第二、第三产业演变，也是提高劳动生产率的过程，实现产业与产业之间协调能力的加强和关联水平的提高。

主流经济学家认为，产业结构的转型升级主要通过产业结构的高级化和产业结构的合理化两种方式来实现。产业结构高级化是指国家产业结构的重心由第一产业占优势逐渐向第二产业、第三产业占优势转移的过程，具体体现在各部门之间国民收入比例的变动和就业人员的变动。一般而言，产业结构高级化是根据经济发展的历史和逻辑顺向演进的过程（刘伟等，2008）。产业结构高级化主要包括以下三个方面：①在三大产业结构中，由第一产业占优势逐渐向第二产业、第三产业占优势演进；②部门结构由劳动密集型产业为主向知识、技术密集型为主的结构调整和转变；③产品结构由制造初级产品为主向制造中间产品、最终产品为主演进（刘伟，1995）。产业结构合理化指生产过程对三大产业比例性的要求，旨在加强产业间的比例协调能力、产业规模适度和增长均衡。主要表现四个方面：产业素质协调、产业之间相对低位协调、产业之间联系方式协调及结构效益最大化（黄寰，2006），以此实现本国优势资源在产业间的合理配置和高效利用，最终实现产业的均衡、协调、高效运转。产业结构转型升级包括中国内部改革条件下和开放经济条件下的产业升级问题。其中，内部改革条件下的产业升级路径大致分为三类：①产业结构调整（李江帆和曾国军，2003）；②产业链调整（刘志彪和张少军，2009）；③产业集群升级（张杰和刘东，2006）。开放经济条件下的产业结构转型升级主要是指贸易自由化为我国产品的出口提供了良好的国际环境，进而带来更多的利润，企业开展创新活动有充分的资金支持，进而有利于产业结构转型升级。

三、技术创新

创新最早是由约瑟夫·熊彼特提出，并成为经济学的经典概念。他在《经济发展理论》一书中提出，创新本身是要素之间的一种新的投入比例，是对现有资源的重新组合，创新活动本身是价值增值的过程。创新的关键环节是把新要素引入到生产体系中，实现其价值转化。之后，学者们从技术创新的视角对约瑟夫·熊彼特的创新理论发展。Solo（1951）在《资本化过程中的创新：对熊彼特理论的评论》一书中提出技术创新是将技术转化为商品并在市场上销售，实现其经济效益的过程。Enos（1962）在《石油加工业中的发明与创新》一书中对技术创新进行明确定义，技术创新为多种行为的综合结果，这些行为包括发明创造、资本投入、制订计划和招用工人等。显然，他是从行为过程的角度为技术创新下定义。由此可见，不同的学者对技术创意的诠释不同，多数学者对技术创新的定义接近于 Mueser。他将技术创新定义为：技术创新是以构思新颖性和实现其价值的非连续性事件。这一定义突出技术创新是非常规活动，并且活动必须得以成功实现。

与国外相比，国内对技术创新的研究成为前沿问题，形成了一系列具有代表性的观点。柳卸林（1993）认为，技术创新的实质是新技术的产生和应用，是由思想的产生到产品设计、生产营销的一系列活动。2002 年中共中央、国务院在《关于加强技术创新，发展高科技，实现产业化的决定》中将技术创新为，企业应用新的知识、技术和工艺，采用新的生产方式和经营管理模式，提高产品质量，开发新的产品，提供新的服务，实现其市场价值的过程。黄寰（2006）认为，技术创新是一个综合的概念，以获取经济利益为目标，兼顾社会和生态效益的非连续性的技术活动。

综上所述，本书认为，技术创新是生产技术的创新，企业通过开发应用新技术或将已有技术进行应用创新，采用新的生产方式和经营管理模式，提高生产效率，提升产品质量，占据或开拓市场并实现市场价值的过程。

四、金融发展

Gurley（1955）和 Shaw（1956）先后提出金融发展的概念。一方面，他们的研究突破了传统货币金融理论的范畴，提出货币金融理论。虽然没有直接提出金融结构的概念，但强调货币金融涵盖货币与非货币金融资产，银行与非银行等金融机构。另一方面，他们提出金融发展的实质是金融资产的多样化，非货币资产与非银行机构的不断涌现。此后 Goldsmith 提出金融结构理论，他认为金融发展是金融结构的变化，表现为金融工具、金融机构形式和规模的变化。在此基础上，众多学者对金融发展的概念进一步界定，McKinnon 和 Shaw（1973）认为，金融发展表现为金融机构、金融资产和金融工具规模上的扩大。Levine（2002）认为，金融发展为金融功能的健全和金融制度的完善。李延凯和韩延春（2013）指出，金融发展表现为金融主体规模的扩大、金融结构和功能的完善以及金融衍生品的增加。

由此可见，金融发展是一个动态的概念，在不同的国家具有不同的表现形式。结合已有文献，本书认为，金融发展为金融结构的完善和金融功能的健全，体现为金融机构、金融工具和资本市场在规模上的扩大和在质量上的提升，金融工具的创新和金融机构适应经济发展的多样化，经济主体为获取潜在收益进行的金融创新是金融发展的根本动力。

第二节　科技金融对产业结构转型升级的影响机制分析

一、科技金融通过资金储备功能增加创新融资，推动产业结构转型升级

科技金融能够借助多元化的融资工具为技术创新吸纳和储备资金，可有效缓解创新资本配置不足，增加创新融资，通过技术创新的学习效应促进产业结构转型升级。具体而言：科技金融的资金储备功能可以集聚要素资源，通过给予其

人力、技术、资金等方面的支持，提高技术创新效率，促进服务业与制造业的协同集聚（张玉华和张涛，2018）。在产业集群内的企业更容易获得新知识，当某一企业在技术方面处于优势时，很容易引发其他企业模仿和学习（Beaudry & Breschi，2003）。在此过程中，科技金融主要通过研发经费投入和政府科技投入促进产业间协同集聚，而研发经费投入和政府科技投入同属于创新要素投入。由于创新要素投入的增加有助于投资者进一步开拓市场，不同企业更好地共享生产要素和产品市场，为企业之间互相学习创造了良好的条件，以至于更好地发挥技术创新对产业结构转型升级的学习效应。

学习效应指的是不同经济主体之间在生产技术、知识储备等方面存在差异，彼此通过信息交流和学习，提高生产效率。技术水平及创新能力在本质上是隐形知识，很难在不同经济主体之间传递（Teece，1977），但企业之间面对面交流可以促进技术传播（Lee Saxenian，2008）。良好的创新环境为传统企业向高技术企业学习创造条件（Lahorgue & Cunha，2004），通过学习科技创新企业的生产模式和经营模式，实现生产方式向中高端转型。科技金融通过资金储备功能，能够缓解高技术企业融资约束，实现有效的技术创新与合理的资本深化，激发技术革新，完善创新网络，加强产业内以及产业间的信息交流和创新合作，推动产业结构升级（Motohashi & Yun，2007；黄茂兴和李军军，2009）。在此过程中，不同部门之间进行知识交流，促进知识溢出，产生学习效应（王雨飞和倪鹏飞，2016；Shao et al.，2017）。学习效应对产业结构的影响主要来自于两方面：一方面，学习效应对产业结构的影响与技术升级相关。科技金融是基于技术创新的需要，为高技术企业提供投融资服务。具体表现为企业通过实地考察、技术人员交流、专利引用等方式学习其他企业的先进技术（Jaffe et al.，2000；Ahomadpoor & Jones，2017），以提高本企业的技术水平，优化投入要素结构。另一方面，学习效应与地区发展目标相关（孙伟增等，2022）。在以 GDP 为核心指标选拔官员的"晋升锦标赛"机制下（周黎安，2007；徐现祥等，2007），发达地区往往成为其他地区学习的榜样。因此，不同部门间通过交流和沟通，学习前沿的知识和技术以提升现有产品的数量和质量，创造新产品和服务，改造传统产业，衍生出其他新兴产业，实现新兴产业由无到有，加速产业结构由第一产业为主，向第二、三产业尤其是服务业占比为主转变，推动产业结构高度化的"量"。与此同时，科技金融的资金储备功能可以集聚要素资源，通过技术创新的学习效应提高劳动生产率，持续改造传统产业，不断提升产业高级化的"质"。事实上，产业结构升级需要突破开展技术创新的初始资本约束、将技术创新带来的外部性内部化以及降低市场的不确定性风险，以实现提高产业升级的概率。在科技金融政策的调节下，政府通过资金流动能够在较大程度上承担技术创新带来的市场不确定性风险，引导企业开展新技术研发，发挥技术研发的规模效应和集聚效应，推动主导优势产业、新兴技术产业的发展（韩永辉等，2017）。技术创新促使某些部门率先使用新技术，之后通过向前关联或向后关联，带动相关产业的发展，减少产业的不合理波动，逐渐增加产业间协调能力和关联度，有利于产业结构向合理化方向发展。据此，提出研究假说1：

H1：科技金融的资金储备功能可以增加创新融资，进而促进技术创新，技术创新的学习效应推动产业结构转型升级。

二、科技金融通过资金配置功能弥补资源错配，促进产业结构转型升级

技术创新具有投资需求量大、投资周期长、投资风险高等风险，传统金融机构一般将少量资金投资于该领域，导致高技术企业往往面临融资约束。在数字化、智能化与绿色化的发展理念下，科技金融有助于将金融资源优先配给于高技术企业，缓解高技术企业的融资约束，弥补金融资源错配，倒逼"三高"企业进行技术改造，有助于激励企业创新活力。促进技术创新水平提升。企业进行技术创新的过程伴随着扩散效应，扩散效应是指创新主体在进行创新活动时，对其他创新主体带来福利但并未获得收益的现象，其实质是经济外部性的一种表现。技术创新在不同产业部门之间的扩散和溢出最早是由阿罗提出的，在经济社会中各产业部门为开发新产品而从事研发活动，在技术发明转化为服务时，具有一般公共产品的特征，通过无意识、非自主渗透到其他产业部门。技术创新扩散的外部性引致技术创新溢出，技术创新溢出具有存在的客观性、方向的溢出性、目标的非指向性和过程的隐蔽性等特征。通常情况下，技术创新在关联性较强的产业部门扩散效应较大，能够推动相关产业的技术进步和生产率的提高（王敏和葛胜阻，2014）。扩散效应的大小与本地产业自主创新能力密切相关，当本地产业具有一定的自主创新能力时，才能在消化吸收的基础上模仿创新，通过技术引进的扩散效应，优化产业结构（卫平和张玲玉，2016）。扩散效应带来的一个影响是高技术企业扩大生产规模，另一个影响是提高企业的生产效率。一方面，企业进行技术创新的过程伴随着知识溢出效应，促进知识在区域间及企业间进行非主动的扩散，加快了知识的传播和利用，知识溢出的正外部性能够提高其他企业进行创新投资的动机。伴随着企业创新投资的增加，先进生产技术和生产设备的应用，有助于企业利用现有资源扩散生产规模

（Goldin & Katz，1998）。另一方面，企业利用先进技术进行生产能够推动企业生产方式的转变，使生产技术更加科学，生产管理更加高效，促进企业生产效率的提升（Duggal et al.，2006）。

一般认为，生产效率的差异会引起生产要素在产业间流动，进而推动产业结构变迁。生产效率较高的部门将获得更多的结构"红利"，在要素自由流动的前提下，生产要素由低效率企业流向高效率企业，加速生产要素重新配置（Peneder，2003），高技术企业的要素需求空间得到延伸，有助于促进企业拓展新领域和开发新市场，相关部门和行业得以快速发展，并不断衍生出新兴行业（陶长琪和周璇，2015），推动产业结构转型升级。Duarte 和 Restuccia（2010）通过构建三大产业结构转换模型，研究得出部门间劳动生产率的差异是推动产业结构转型的主要动力。同时，Ngai 和 Pissarides（2007）通过构建多部门理论框架模型研究发现，部门间生产效率的差异导致产品价格的相对变化，从而引起劳动力在部门间流动，劳动力流动的方向与产品间替代弹性有关。当商品间替代弹性大于 1 时，劳动力由低技术生产部门向高技术部门流动；当商品间替代弹性小于 1 时，劳动力将反向移动。Alvarez 和 Poschke（2011）分别研究工业部门和农业部门的技术创新，他认为工业部门的技术创新是产业结构变迁的主要动力，而其后农业部门的技术创新促使劳动力在部门间流动，工业部门技术创新对产业结构变迁的拉力比农业部门更大。Alvarez 等（2018）通过数理模型演绎劳动生产率对产业结构变迁的推动力，他认为产业间生产率的差异会导致国民经济增长由制造业为主向服务业为主转型，产业间要素替代弹性的不同是影响产业结构变迁的主要因素。一般而言，技术创新是中性的概念。但现实中，技术创新具有偏向性。一方面，有偏技术进步改变部门间产品相对价格，促使不同产业间的产品互相替代；另一方面，有偏技术进步改变了劳动力的相对边际产出，促使产业间不同技能的劳动相互替代。因此，有偏技术进步改变产业内部的技能密集程度和产业之间的产出变动，进而影响整体经济的技能密集程度，也就是产业内部技术进步会推动产业结构转型（郭凯明和罗敏，2021）。同时，有偏型技术进步通过影响不同部门生产效率，促使要素资源跨部门流动和重新配置，推动产业结构变迁（王林辉和袁礼，2018）。

扩散效应主要存在于产学研合作、企业创新、人才流动和国际贸易四种扩散机制（赵勇和白永秀，2009）。这四种方式与科技金融的基本功能相契合。首先，科技金融的资金配置功能，有助于驱动资本要素从低效率企业流入高效率企业，（Samila & Sorenson，2011），高技术产业的需求空间得到延伸，诱导产业结构在地理空间上重组及改变，带动地区优势产业从第一产业向第二产业、第三产业演进，以此提高产业结构高级化的"量"。技术创新不仅对当地产业结构高级化的"量"产生影响，而且对相邻地区也具有空间溢出效应。因此，科技金融能够通过带动高技术产业及其关联产业的发展，优化产业结构（汪淑娟和谷慎，2018）。其次，科技金融有助于为创新活动提供稳定的资金流，弥补资源错配，化解流动性风险，提高创新能力，提升劳动生产率。由于技术创新的扩散效应决定产业结构变迁的方向（何德旭和姚战琪，2008），技术创新的扩散使当地以及周边地区劳动生产率得以提升，促进产业结构由劳动密集型和资本密集型向技术密集型方向演进，以此提高产业结构高级化的"质"。最后，在空间关联因素的驱动下，技术创新在提升当地及邻近地区劳动生产率的同时，打破原有不合理的产业格局，不断延伸产业链的长度和宽度。在技术创新扩散效应以及产业链向前关联、向后关联和渗透效应下，在地区形成一个新的主导产业，通过产业整合和延伸为产业结构的合理化提供空间载体。据此，提出研究假说2：

H2：科技金融的资金配置功能能够弥补资源错配，进而激发创新活力，在技术创新的溢出效应下促进产业结构转型升级。

三、科技金融通过筛选功能优化资源配置，引致产业结构转型升级

科技金融是促进技术、知识与资本等创新要素深度融合的经济范式（房汉廷，2015）。其筛选功能引导资源流向高技术企业，进一步优化信贷资源的配置效率促进企业间的融合创新。在创新驱动机制下，持续深化的社会分工不仅能生产出多样化的产品，而且使生产技术更为专业化。分工效应指各城市根据各自的比较优势进行分工，形成具有专业化的主导产业，通过贸易推动产业结构转型升级。一方面，产品的多样化带来产业部门的增加，进一步加强了产业间的协调度和关联度；另一方面，专业化的分工会促进产业集聚，推动产业集聚的形成，不同行业间的知识溢出有利于循环累计创新（赵娜等，2017），通过不断积累有利因素带来"扩展效应"，即产业结构较为落后的地区通过知识溢出或技术交流，发挥自身的比较优势承接其他地区转移的产业进一步推动优势产业的发展。

分工效应既可以出现在地区之间，也可能出现在部门内部。一方面，经济发展水平较高的地区利用其技术创新、人才集聚等方面的优势发展技术密集型产业，而将劳动密集型产业转移到生产成本较低的地区。另一方面，企业可将研发、创新、管理部门设置在技术创新能力较强的地区，以方便知识交流、业务拓展等（Shao et al.，2017），而将生产部门转移在劳动密集型的地区。这体

现了企业对生产要素市场和研发要素市场的分工。在上述过程中，技术创新能力是加速地区间进行分工的关键因素。技术革新能够加速经济系统的技术进步，推动地区之间的分工和专业化，进而新兴产业不断涌现，实现产业多样化发展。在新兴产业不断涌现的前提下，不同地区也随之更替主导产业，主导产业持续更新是产业结构向高级化演进的重要力量。根据社会分工理论，技术创新引致的技术差距能够深化分工。地区产业分工与协作能够提高整体服务业水平，在数量层面上促进产业结构高级化。同时，产业内部专业化的分工能够优化资源配置和提高生产效率，使产业结构从低水平状态向高水平状态演进。企业间的分工与合作会加速行业内部创新，进一步提高技术效率和劳动生产率，不断推进产业结构高级化的"质"。此外，专业化的分工提高资源配置的高效性，促进产业结构的合理化发展。多元化的分工格局促使企业在经营策略上产生联动现象，各个城市结合自身的资源禀赋和区位优势，壮大和发展主导产业，主导行业往往处于产业链的关键环节，其本身具有较强的上下游关联效应，有助于带动整个地区生产率的协同发展。多元化的分工可以诱导地区的主导产业发展成为具有核心价值的产业部门，有利于增强产业竞争力，减少产业的不合理波动，带动产业结构的合理化。据此，提出研究假说3：

H3：科技金融的筛选功能优化资源配置，进而促进技术创新，技术创新的分工效应引致产业结构转型升级。

四、科技金融通过竞争机制激励企业家精神，加速产业结构转型升级

科技金融的竞争机制是指由于价格及供求关系的变化所引致科技金融在需求方之间及供给方之间竞争。科技金融市场中需求方之间的竞争，体现在高技术企业之间对科技贷款的需求产生的竞争；科技金融市场中供给方之间的竞争，体现在投资方为获取较高的收益向高技术企业进行投资产生的竞争。同时，金融市场的发展会加大市场竞争压力，倒逼企业进行技术创新，从而使企业间产品价格产生差异，促使金融结构从供给端影响产业结构变迁（Acemoglu et al.，2008）。20世纪90年代兴起的"金融发展与企业家精神"理论认为，金融发展的关键在于能否识别出具有企业家精神的投资者或具有发展潜力的项目，衡量金融发展的标准为一个具有企业家精神的投资者或具有发展潜力的项目获得融资难易程度（张龙耀等，2013）。完善的金融发展有助于新技术企业家获得贷款，进入行业参与竞争，原有的低效企业被淘汰出局，从而提升行业整体实力（King & Levine，1993；Laeven et al.，2015）。

在金融资源的配置过程中，金融发展主要通过资金形成、资金导向和信用催化三个层面影响资金配给结构，进而推动产业结构变迁。在资金形成层面，由于不同部门在技术水平和生产次效率存在差异，而一定时期内生产要素资源有限的，只有合理的要素组合才能实现产出最大化。金融发展为社会资金的形成提供了便利，能够提高资金流动性，优化资金供求结构。在资金导向层面，成熟的金融结构通过退出机制和资金定价，缓解要素禀赋的扭曲，金融市场引导资金流向高效率部门，加速金融资源的市场化流动，实现要素的有效配置，扩大优势产业发展所需要的产业资本（江曙霞和严玉华，2006）。一方面，成熟的金融结构能够准确反映各部门的运行效率和发展潜能，引导投资者根据风险偏好选择多样化投资。市场退出机制引导资本由低效率部门流向高效率部门提供了路径；另一方面，适宜的金融结构中，金融价格及其变动能反映资金的供求关系，引导资金在不同部门之间流动。在信用催化方面，金融体系的信用创造活动能够通过乘数效应激活潜在资源，加速资本的形成和积累，为新兴产业的发展增加流动性（马微和惠宁，2019）。

金融发展对产业结构转型升级的作用机制有两个方面：①金融发展水平通过影响储蓄——投资转化率，进而影响资金流量结构；②以资金流量结构为切入点，通过对生产要素分配结构的调整，影响资金存量结构。也即金融发展通过调整资金流量结构和资金存量结构影响产业结构变迁（郑威和陆远权，2019）。对科技金融的竞争机制而言，科技金融为财政资金提供监管，金融介入对金融项目的评估和筛选更为谨慎，并对项目进行有效监管，提高财政资金的有效性，引导金融资源流向更具竞争力的高技术企业，更好地促使科技成果的转化。因此，科技金融通过金融发展激励企业家精神，降低高技术企业的信贷压力，提高经营效益。同时，在科技金融竞争机制下，有竞争力的新兴产业得到资本的支持而强大，而未得到资金支持的传统产业慢慢地被淘汰出局。新兴产业的出现和发展，尤其是高端制造业和服务业的发展，加速产业结构由第一产业占比为主向第二、第三产业占比为主转变，由此附加值向高附加值和高集约化发展。因此，这种优胜劣汰的竞争机制在数量和质量上推动产业结构高级化（傅进和吴小平，2005）。此外，在科技金融的竞争机制下，不断涌现出具有竞争的主导优势产业和新技术产业，主导产业通过关联效应和扩散效应，进一步加强产业间的关联程度和协调能力，有利于提升产业结构合理化。据此，提出研究假说4：

H4：科技金融通过竞争机制有助于金融发展，金融发展激励企业家精神，加速产业结构转型升级。

五、科技金融通过风险分散机制加大研发投资，促进产业结构转型升级

科技金融的风险分散机制有助于防范和化解企业创新过程中面临的诸多风险，降低创新风险。由于高技术产业具有高风险、高收益、未来不确定性大等特点，科技型企业在取得成果之前，金融机构难以评估科技成果的收益和风险，也即高技术企业与金融机构产生信息不对称。资金供给双方的信息不对称会带来逆向选择和道德风险，金融机构为控制风险和提高收益，需要对研发项目进行筛选和甄别（Greenwood & Jovanovic，1990），这些均会产生相应的成本。科技金融通过引导高技术企业与资本市场相结合，推出更多的高技术企业在新三板、中小板等市场上进行融资，由于上市公司具有风险分散性，能够更大程度上分散高技术企业的投资风险，促使企业加大研发投资，进而为高技术企业提供更为便捷的金融服务。同时，科技金融提供多层次的金融服务体系，拓宽企业融资的渠道（方文丽，2011），作为科技创新链与金融链有机结合的新范式，致力于引导新要素流向高技术行业，为新兴企业提供信贷方面的扶持，降低企业在技术研发和应用方面的不确定性风险。因此，科技金融通过风险分散机制激励企业加大研发投资，分散经济主体投融资风险，降低融资成本，有助于金融发展，提高金融资源配置效率（Rajan & Zingales，1998）。科技金融推动形成的多层次金融服务体系拓宽了企业的融资渠道，赋予企业创新空间，激发企业创新活力。

由于产业结构转型升级建立在一定的客观条件和外部环境之上（孙晶和李涵硕，2012），特别是不同产业主体具有不同的风险特性（林毅夫等，2009），对金融结构与融资需求也有着特殊的要求。在产业结构转型升级过程中，科技金融为金融机构提供一个投资平台，金融机构通过对金融资源的整合，为产业主体提供更多的差异化的金融产品及投融资服务，形成良好的金融服务环境。金融发展对产业结构转型的影响通过供给方的"替代效应"渠道实现，科技金融的资金配置功能为现代技术部门的创新融资提供了便捷，使现代技术部门加大对研发的投入，推动经济资源从传统部门流向现代技术部门，从工业流向服务业，使服务业的占比不断提高，带动产业结构向高级化方向演变（易信和刘凤良，2018；佟孟华等，2021）。同时，科技金融推动形成的多层次金融服务体系拓宽了企业的融资渠道，赋予企业创新空间，激发企业创新活力，创新能够刺激不同生产要素进行重组，有助于从效率层面推动产业结构高级化。最后，科技金融通过风险分散机制提高金融资源配置的高效性，能够减少生产部门盲目投资和过度生产，减少产业结构不合理波动，推动产业结构合理化。据此，提出研究假说5：

H5：科技金融的风险分散机制激励企业加大研发投资，促进产业结构转型升级。

为了更为清晰地反映科技金融对产业结构转型升级的作用机制，本书绘制机制分析图，见图3-1。

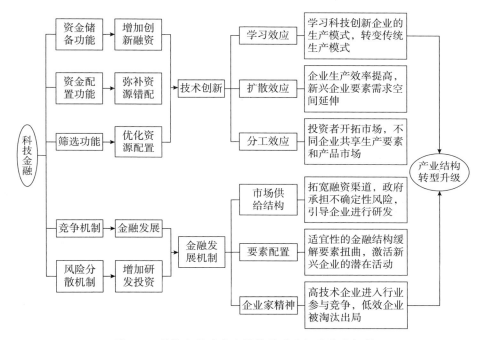

图3-1　科技金融对产业结构转型升级的作用机制

本 章 小 结

本章根据前文的理论分析和文献梳理，研究科技金融对产业结构转型升级中可能存在的传导机制。从经济发展的一般规律来看，产业结构转型升级往往伴随着"产业结构红利"的释放。技术创新通过推动知识密集型产业的发展规模和优化社会资源配置两个方面推动产业结构转型升级。一方面，技术进步可以扩大知识密集型产业的发展规模，使得高技术产业在整个产业中占有较大比重，表现为产业结构在"数量"上演变，推动产业结构的高度化。另一方面，技术创新作为优化社会资源配置的有效手段，通过优化资源配置、替代传统生产要素，提高生产效率，调整不同产业的发展规模与内在质量，降低产业不合理的波动，促进产业结构合理化（逯进和李婷婷，2021）。首先对相关概念进行界定，在此基础上，详细介绍科技金融对产业结构转型升级的作用机制。具体包括五个方面：①科技金融通过资金储备功能增加创新融资，进而促进技术创新，技术创新的学习效应推动产业结构转型升级；②科技金融的资金配置功能能够弥补资源错配，进而激发创新活力，在技术创新的溢出效应下促进产业结构转型升级；③科技金融的筛选功能优化资源配置，进而促进技术创新，技术创新的分工效应引致产业结构转型升级；④科技金融通过竞争机制有助于金融发展，金融发展激励企业家精神，加速产业结构转型升级；⑤科技金融的风险分散机制激励企业加大研发投资，进而促进产业结构转型升级。由此提出科技金融推动产业结构转型升级的研究假说，为后文的实证检验做出理论铺垫。

第四章

科技金融和产业结构转型
升级进程及主要驱动力

产业结构转型升级是在不同阶段下由主导产业不断动态调整的过程。根据 Kuznets 事实，经济结构转型升级的基本规律为第一产业占国民收入的比重下降，第二、三产业占整个国民收入的比重不断上升，尤其是服务业（Kuznets，1966）。产业结构转型升级也是基于要素禀赋特点，与金融发展水平、技术创新的外溢和产业间的分工与合作相协调，随着生产效率提升的动态调整过程，也是经济发展的必然要求。本章包括三个部分：①通过回归科技金融发展历程。②回顾改革开放以来中国产业结构转型升级的历程。③剖析产业结构转型升级存在的问题，有助于明确科技金融助力产业结构转型升级的方向。

第一节 科技金融进程

科技金融是一个中国式的术语，科技金融的发展是理论界和政策界长期探索的结果。科技金融是国家社会经济发展到一定阶段后，技术创新活动与金融资源配置之间相互融合形成的制度性安排，对于我国转变经济发展方式以及建设创新型国家具有重要意义（肇启伟等，2015）。科技金融发展先后经历三个阶段。

一、起步阶段（1980~2000 年）

早在 20 世纪 80 年代初，中国科技体制改革开始探索科技信贷的模式。1985

年，中国人民银行和国务院科级领导小组发布《关于积极开展科技信贷的联合通知》，要求银行及其他金融机构积极支持科技发展的融资需求。此时，科技开发贷款成为金融体系中的主要金融工具。1990年，中国人民银行在国家信贷计划中设立科技贷款科目，与此同时，学术界也开始萌生出科技金融的相关话题。1987年，科技与金融相结合课题组首次提出科技金融，并对其特征进行描述。1993年，中国科技金融促进会成立，促进科技金融发展。此时，科技银行为专业银行或政策性银行，除科技开发贷款外，其他科技金融方式也取得较快发展。科技金融在此阶段初步发展，并未形成规模聚集。

二、发展阶段（2000~2010年）

进入新世纪以后，随着金融改革的深化，科技金融的实践与政策发展也在不断探索。2006年，《国家中长期科学和技术发展规划纲要（2006—2020年）》中将科技金融中创业风险投资、科技贷款、科技保险和多层次资本市场等内容纳入其体系。2007年，第一批科技保险试点城市确立，确定在深圳市和中关村实施高技术中小企业集合债券发行。2009年，中国首批科技支行成立，分别为成都银行科技支行和建设银行科技支行成立。与此同时，天津市成立第一家科技小额贷款公司。随着科技型中小企业的发展，科技银行也呈现多元化的发展态势，学术界对其的理解和认识随之发生变化。如赵昌文（2009）认为，科技银行是银行类金融机构的统称，主要职能是为科技型中小企业提供科技贷款等金融服务。由此可见，在此阶段，我国开始尝试建立科技保险试点、成立科技支行及成立科技小额贷款公司，为高技术产业的发展提供有力支持，我国科技金融体系开始完善。

三、深入发展阶段（2011年以来）

为推动科技与金融融合，科技部、中国人民银行等相关部门于2011年决定在16个省份首批开展科技金融相结合的试点工作。此后，陆续出台了350多项与试点工作相配套的措施，设立近40亿元的科技金融专项资金，形成由政府牵头，科技、财税、金融等部门共同参与、协调的工作机制。在科技金融创新方面，投贷结合、银保结合等交叉金融创新模式为不同发展阶段的高技术企业提供创新性的融资服务。试点的目的在于有效带动金融资源支持科技发展，缓解企业融资难题，发挥技术创新及金融发展对产业结构转型升级的作用。为实施创新驱动发展战略，实现经济由高速度向高质量发展转变，科技部、中国人民银行等相关部门于 2016 年选择在郑州、厦门等 9 个城市开展第二批促进科技与金融相结合的试点工作。在此阶段，我国科技金融试点快速发展，科技金融体系进一步完善，科技资本市场建设步入正轨。

第二节　中国产业结构转型升级进程及主要驱动力

一、中国产业结构转型升级进程

（一）产值结构的变动及特点

从改革开放初期到党的十八大以来，中国产业结构处于协调发展阶段（郭晓蓓，2019）。改革开放初期，以"包产到户、包干到户"为起点的家庭联产承包责任制赋予了农民生产和分配的自主权，极大地调动了农民的生产积极性，刺激了第一产业的增长。在提高农业生产率的同时，第二、三产业也获得发展，产业结构呈现高级化趋势。纵观历年产业结构的变迁，三次产业结构遵循着"一二三"到"二一三"再到"三二一"的演变模式。2020 年中国三次产业增加值的比重为 7.7：37.8：54.5，基本实现了以二、三产业为主的二元驱动模式。在 1978 ~ 2020 年，第二产业增加值由 1755.1 亿元上升为 383562.4 亿元，增长了近 218.5 倍，年均增长率达 13.7%；第三产业增加值由 905.1 亿元上升为 551973.7 亿元，增长了近 609.8 倍，年均增长率达 16.5%；与第二、三产业增加值相比，第一产业增长较为缓慢，增加值从 1018.5 亿元上升为 78030.9 亿元，增长近 76.6 倍，年均增长率仅为 10.88%。总体而言，改革开放以来产业结构变迁可分为三个阶段（见图 4-1）。

1. 以二产占主导，一产为次之的"二一三"阶段（1978~1984 年）

在中国进入改革开放的历史新阶段，主要问题是国民经济比例失衡问题。针对国民经济失衡问题，采取了一系列的经济和体制政策。在 1976~1980 年"五五计划"中提出中国产业发展不仅需要发展农业，还要注重提升燃料、动力、原材料工业的发展，至 1980 年基本实现农业机械化。产业结构由片面追求重工业发展转向多产业协调发展，重视产业间的协同演进，产业结构处于初始调整阶段。

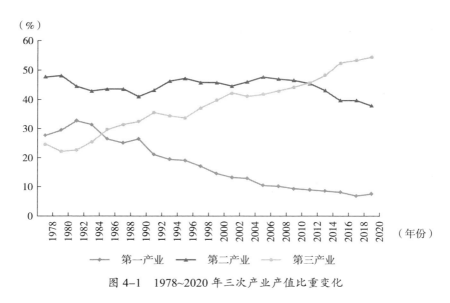

图 4-1　1978~2020 年三次产业产值比重变化

　　改革伊始，家庭联产承包责任制的推广，释放了农村较大的生产能力，促使第一产业得以迅速发展。在 1978~1984 年，第一产业增加值由 1018.5 万亿元上升至 2295.6 万亿元，在国民收入中的比重由 27.7% 上升至 31.5%，上升近 4 个百分点。同时，在区域布局上，中国实施沿海开放政策，建立 14 个沿海开放城市和 4 个经济特区，加快了对外开放的步伐。在一系列政策下，第一产业增加值呈现出先下降后上升的趋势。在 1982 年第一产业增加值比重达到顶峰，第三产业呈现出短暂的下降后持续上升的态势，产业结构"二一三"的局面在 1984 年发生改变。中国产业结构经过这段时间的调整，呈现第三产业增加值占比持续上升，第一产业平稳增长的协调发展局面。

　　2. 以三产快速发展的"二三一"阶段（1985~2011 年）

　　在此期间，中国产业结构最大的特点是第三产业的发展进入快车道，增加值比重超过第一产业，成为国民经济的第二支柱产业（干春晖和王强，2018）。从图 4-1 可以看出，第一产业增加值比重平稳下滑，至 2011 年第一产业增加值占比下降至 9.2%，落后于第二、三产业。虽然农业在产业结构中不是主导产业，但作为推动国民经济发展的基础作用仍然存在。第二产业增加值稍有起伏变化，但始终保持在 45%，仍然占据国民经济的主导地位。而第三产业增加值则直线上升，特别是进入 21 世纪后中国经济进入二元驱动发展时期，第二、三产业增加值在国民经济中的占比均在 40%，产业结构"服务化"倾向初步显现。

　　3. 以后工业化特征的"三二一"阶段（2012 年至今）

　　在此期间，中国产业结构最大的特点是第三产业增加值占比超过第二产业，实现了由"一二三"向"三二一"的成功转型，工业的比重逐步下降，服务业成为主体部门，三大产业结构变迁呈现出"后工业化社会"迹象。该时期第一产业呈现出小幅度下降态势，2020 年下降至 7.7%。特别地，2012 年第二、三产业增加值占比相等，达到 45.4%。从此，第三产业取代第二产业成为国民经济的主导产业。与此同时，中国经济进入新常态阶段，经济面临较大的下行压力。国民经济平均增长率出现断崖式下降，一度跌至 7%，主要原因为内需动力不足，也就是投资需求和消费需求趋势性下滑给经济增长带来下行威胁。投资需求不足的深层原因在于结构性矛盾，尤其是技术创新能力不足导致产业结构转型升级的动力不足。消费需求出现乏力的根本原因是国民收入分配结构性扭曲，包括国民收入初次分配上的扭曲以及国民收入区域间的扭曲。因此，解决问题的关键在于从供给侧创造高效的投资机会，创新驱动效率提升，推动产业结构转型升级（刘伟，2016）。在一系列政策的推动下，2020 年第二产业的比重下滑至 37.8%，第三产业的比重已突破 50%，中国产业结构"服务化"倾向持续增强。

（二）三次产业就业结构的变动及特点

产业结构的变迁一方面表现为三次产业增加值的变动，另一方面为三次产业就业结构的变动。不同产业就业结构的变动可分为三个阶段，见图 4-2。

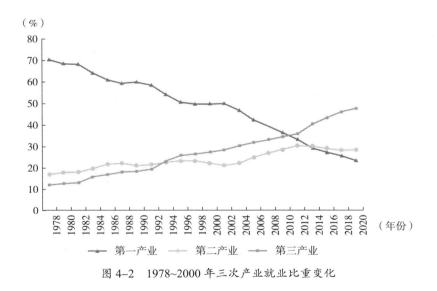

图 4-2　1978~2000 年三次产业就业比重变化

1. 一产就业占主导，三次产业就业人数稳步上升（1978~1991 年）

该时期处于产业结构初始调整阶段，结业结构呈现出的最大特点是三次产业就业人数都稳步上升，第一产业就业比重远远高于第二产业和第三产业，就业结构呈现出"一二三"格局。1978年开始，随着工业化进程的推进，第二产业就业人数稳步提升，就业比重由17.29%上升为21.70%。在此期间，由于家庭联产承包责任制的实施，为第一产业释放了大量的剩余劳动力，第一产业就业人数由28318万上升为38699万，就业比重由70.53%下降为58.50%，下降了12个百分点。而第二产业就业人数由6945万上升为14355万，就业比重由17.29%上升为21.70%，上升了4.5个百分点；第三产业就业人数由4890万上升为14163万，就业比重由12.18%上升为19.79%，上升了7.6个百分点。其中，虽然第一产业就业比重有所下降，但仍高于第二、三产业。

2. 就业由第一产业向第三产业转移阶段（1992~2001年）

随着社会主义市场经济体制的确立，在市场化改革进入中后期阶段，农村剩余劳动力释放，劳动力逐渐在地域以及产业之间自由流动，使社会资本积累不断增加，产业结构向高级化方向发展，就业结构也有所转变。在此期间，第一产业就业比重仍处于下降态势，2002年下降至50%；由于工业化生产中技术含量逐步提高，第二产业对劳动力的需求相对减少，就业人数上升较为缓慢，就业人数占比维持在21%；第三产业则吸收了大量的劳动力，上升至28.59%，第三产业得到了大力支持。第三产业就业人数的迅速增加推动了第三产业的发展，使产业结构向高级化方向发展，农村剩余劳动力越来越多地转移到第三产业。

3. 工业化加速时期（2002~2011年）

自2001年12月中国加入世贸组织以来，国际贸易得到发展，"人口红利"进一步释放，劳动力也逐步流向新兴行业，中国进入工业化加速阶段，第三产业快速发展，就业结构变动反映出产业结构变迁的特点。在2002~2011年，第一产业就业比重从50%下降到34.74%，就业人员由36640万减少至26472万，就业人口转移出10168万。第二产业就业比重由21.40%上升至29.58%，提高了9%，就业人员由15682万增加至22539万，第二产业就业对劳动力的需求稳步增长。这一时期第三产业迅速增长，第三产业就业比重由28.60%上升至35.68%，就业人员由20958万上升至27185万，尤其在2011年，第三产业就业人数超过第一产业，就业结构调整逐渐以服务业为主，这与工业化加速时期的特点相吻合。

4. 进入后工业化时期（2012年至今）

在该时期，第一产业就业比重持续下降，由2012年的33.49%下降至2000年的23.60%，下降了近10%，就业人数由25535万下降至17715万，第一产业的劳动力持续转移出7820万。第二产业就业比重出现明显变化，之前一直稳步攀升的局面在 2012 年发生改变，第二产就业人员开始向第三产业流动。随着第一产业和第二产业就业人员向第三产业的转移，在此阶段第三产业就业人数增加了 8313 万，平均每年增加约 923.7 万，2020 年就业比重达到 47.70%，说明就业结构逐渐向第三产业为主体的方向转变。党的十九大提出，完善要素市场配置，发挥市场在资源配置中的决定性作用，市场经济体制的改革推动了产业结构不断优化，且就业结构也逐渐迈向服务化。将就业结构与产业增加值结合来看，至 2020 年第三产业增加值远远高于第二产业，产业结构服务化倾向更为明显，服务业成为吸纳就业人员的主要领域，体现出后工业化时期的特点。

上述分析可见，改革开放以来，中国产业结构转型升级的特征总体表现为以下三点：①中国产业结构的演进与库兹涅茨事实高度一致。随着经济发展水平的提高，第一产业增加值的比重逐步下降，第二、三产业增加值的比重持续上升。②当前我国处于后工业化时期。第二产业的比重逐步下降，服务业成为经济的主体部门，产业结构服务化倾向较为明显。③与发达经济体相比，第一产业就业人数比重仍然较大，第三产业就业比重仍需提高。2020 年中国第一产业就业人口比重高达 24%，远远高于发达经济体国家，甚至高于大多发展中国家。虽然第三产业迅速发展，2020 年第三产业就业占比 47%，但与发达经济体国家 70% 的第三产业就业比重仍有较大差距。

二、中国产业结构转型升级进程中的主要驱动力

新结构经济学认为产业结构变迁的内在动力为要素禀赋结构的变动（林毅夫，2012），随着要素禀赋结构和消费结构的变动，带来产业结构形态变迁。纵观产业结构变迁的整个进程，经济体制改革和对外开放的实施是中国产业结构变迁的主要驱动力，通过经济体制改革调整经济结构，对外开放的实施促进了经贸投资的发展，在需求侧和供给侧两方面影响产业结构转型升级。

从需求侧的角度来看，中国产业结构转型升级的内在动力为消费、投资和净出口的变化。其中，消费结构升级是产业结构转型升级的直接驱动力。消费对产业结构转型升级的重要影响表现为恩格尔效应，恩格尔效应强调不同产品需求收入弹性的影响，由于非农产品需求收入弹性高于农产品，收入的提高将带动非农产品需求的增加，带动劳动力由农产品向非农产品流动，相应地，主导产业以第一产业为主向第二、三产业转移（Kongsamut et al.，2001）。随着我国消费水平迅速增长，消费结构由过去满足温饱型消费转向满足多样化享受型消费，消费升级直接驱动产业结构转型升级。其次，投资规模的扩大加速产业结构转型升级（黄

群慧，2018）。改革开放以来我国投资率超过 30%，明显高于其他国家。由投入产出表计算，我国近 90% 的投资品来自于第二产业部门，由于我国投资活动对三大产业部门具有差异化的影响，进而影响产业结构转型升级。同时，我国积极引进外资，持续增加的外商直接投资提高了中国生产效率和技术水平，间接促进产业结构向服务经济演进。最后，出口总量和结构的变化带动产业结构变迁。2001年中国加入世界贸易组织，改善了我国对外经贸关系，提高了我国对外开放水平。出口总量迅速增加，出口商品由初级产业转向资本和技术密集型产品，相应地，产业结构由劳动密集型向资本和技术密集型调整，显著影响中国产业结构转型升级。

从供给侧因素来看，劳动力转移成本和技术进步是驱动产业结构转型升级的着力点。首先，劳动力转移成本影响产业结构转型升级。在其他因素不变的情况下，劳动力转移成本较高的行业，就业比重相对较低，产业结构变迁的速度较慢。可观的是，随着户籍制度改革和城镇化的推进，农业劳动力向工业和服务业的转移成本逐渐下降，有效促进工业和服务业的发展，有力推动产业结构转型升级。其次，劳动力转移成本的下降，加速了劳动力在产业间的流动，生产率也将不断提高。在人口红利的作用下，劳动密集型产业得到发展，同时，劳动密集型产业反过来加速劳动力的转移，进而提高资源配置效率（干春晖和王强，2018）。最后，技术进步是影响产业结构转型升级的根本驱动力，决定产业结构变迁方向。劳动生产率的提高主要源于技术进步和资源配置效率的提高。供给内生驱动力也被称为鲍莫尔效应。鲍莫尔效应强调不同部门产品价格差异对产业结构的影响（Baumol，1967）。随着技术进步和资源配置效率的提高，部门间因技术进步差异带来产品相对价格发生变化，技术水平较高的产业部门，产品价格相对较低，推动劳动力转移到其他部门，从供给端影响产业结构转型升级（陈体标，2008）。同时，金融发展通过激励企业家精神和技术创新影响资本积累和促进技术进步，通过替代效应影响产业结构转型升级（易信和刘凤良，2015）。然而，产业结构不同阶段下其驱动力有所侧重。

首先，在二产占主导，一产次之的"二一三"阶段。在这段时期，产业结构呈现的特点主要得益于农村家庭联产承包责任制改革。1978年，国民经济发展逐步恢复，以农村改革为切点，开展经济体制改革。以"包产到户、包干到户"为起点的家庭联产承包责任制赋予了农民生产和分配的自主权，极大地调动了农民的生产积极性，刺激第一产业的增长。在农业生产率提高的同时，第二、三产业也获得发展，产业结构呈现出高级化趋势。由于该时期我国改革开放尚处于探索时期，各项法律政策尚未完善，再加之基础设施薄弱，技术水平落后，这一时期整体吸收的外资较少。

其次，在三产快速发展的"二三一"阶段（1985~2011年）。20世纪80年代中期，人民基本解决了温饱问题，但就业压力和第三产业发展不足的矛盾日益突出，社会资源逐步转向第三产业。1989年颁布的《国务院关于产业政策要点的决定》，指明了该时期产业发展的方向和目标。1992年，邓小平南方谈话是我国经济体制转型的重大突破，自此，党的十四届三中全会提出，建立社会主义市场经济体制，中国开始由高度集中的计划经济转向市场经济，市场在资源配置中发挥基础性作用。在一系列经济和体制政策运行下，消费水平和结构得以提升，并带动房地产、汽车、电子通信等产业的发展，该时期三大产业在平稳增减中推动产业结构转型升级，产业结构呈现出工业重型化趋势。"九五"规划（1996~2000年）后，国际经济突飞猛进，新兴产业不断涌现，高科技广泛应用，产品科技含量较高，对我国产业结构转型升级带来巨大的发展机遇。2001年中国加入世界贸易组织，深入推进我国对外开放历史新阶段，加速资源在全球范围内的合理配置和高效利用，我国凭借劳动力成本优势成为世界经济强国。同时，外商加大了对高层次技术和人才的需求，加大对知识密集型产业的投资。2000~2006年，中国相继实施西部大开发、东北振兴老工业基地和中部崛起计划，非国有部门迅速成长，使工业部门持续扩张。特别是在2006年取消农业税，卸掉了农民身上的沉重负担，"人口红利"得到进一步释放，有利于激发农民的新活力，通过消费结构和就业结构的变化，促使三大产业协调发展。在"十一五"规划(2006~2010年)中明确提出增强自主创新能力，打造一批拥有自主创新能力的优势企业，技术创新作为产业结构转型升级的关键因素已经显现。中国的产业结构不仅实现第三产业超过第一产业，而且第三产业也持续攀升。在"十一五"规划(2006~2010年)中明确提出增强自主创新能力，打造一批拥有自主创新能力的优势企业，技术创新作为产业结构转型升级的关键因素已经显现。

最后，在后工业化特征的"三二一"阶段（2012年至今）。在经济"新常态"下，"人口红利"和对外开放"制度红利"逐渐消退，对依靠劳动力、资本粗放投入为基础的劳动密集型和资本密集型产业的转型升级带来严峻挑战。经济增长"新常态"下，必须依靠技术创新打造经济发展新动力，开辟经济发展空间，实现生产向中高端发展。"十二五"规划（2011~2015年）中明确指出，发挥我国产业在全球经济中的比较优势，发展结构优化、技术先进、清洁安全、附加值较高、吸纳能力强的现代产业体系。针对产业结构转型升级强调对于传统行业要实现技术升级，增强产业配套能力，淘汰落后产能，促进制造业由大变强。可见，先进技术成为助力产业结构转型升级的关键。与此同时，科技创新需要金融的支持，科技创新和金融创新紧密结合成为调整产业结构的着力点。"十三五"规划（2016~2020年）中提出实施创新驱动发展战略，着力增强自主创新能力，为经济发展提供持久动力。以提高制造业创新能力为重点，促进制造业朝高端、服务化方向发展；培育新兴产业，改造提升传统产业，加快推动服务业优质高效发展。

第三节　现阶段中国产业结构转型升级存在的问题

中国改革开放40多年来产业体系经历了巨大变化，在政府选择性产业政策的推动下，中国在短时间内实现了发达国家上百年才能完成的工业化之路。各经济部门从封闭走向开放，从传统走向现代，取得了举世瞩目的成就。然而，在中国经济取得伟大成就的背后，还面临着产业结构区域间不平衡、产业内部结构不合理等问题，特别是第二产业大而不强，缺乏核心技术，产品附加值低，重要领域和产品处于全球价值链分工的低端位置，产业结构的转型升级任重道远。当前，中国产业结构在转型升级过程中存在的问题具体表现为以下四点：

一、产业结构区域间不平衡

中国地域广阔，区域间经济发展水平存在较大差异，这种差异体现在产业结构上。产业结构区域间差异总体上呈现出东部、中部和西部三大经济地带逐步降低的梯度差异。由图4-3可知，整体而言，东部地区第三产业占GDP比重明显高于同时期中部和西部地区。而第一产业占GDP比重低于同时期中部和西部地区。从具体数值来看，2020年全国第三产业占GDP比重均值为53.98%，第三产业占比前五的省份为北京市、天津市、上海市、浙江省、广东省。2020年全国第一产业占GDP比重均值为9.65%，第一产业占比前五的省份为黑龙江省、海南省、广西省、云南省、新疆维吾尔自治区。2020年全国第二产业占GDP比重均值为36.37%，第二产业占比前五的省份为福建省、江苏省、山西省、陕西省、江西省。由此可见，第三产业占比排名靠前的省份都属于东部地区，排名靠后的地区多属于中西部地区，而第一产业占比靠前的省份多属于西部地区，排名靠后的地区多属于东部地区。

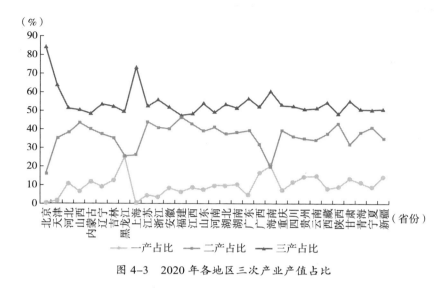

图 4-3　2020 年各地区三次产业产值占比

　　从产业结构"服务化"倾向来看,东部地区产业结构主要以高技术产业和服务业为主,市场化水平较高,"服务化"倾向较明显。而中、西部地区主要以农业及能源、原材料和机械制造业为主,市场化水平不高,具有较强的垄断性。此外,东部和中西部地区产业变迁模式上也具有较大差异,东部地区产业变迁模式为出口导向型,已建立了外向型产业集群,通过整合区位位置、技术水平、金融发展能力等比较优势,能够适应全球化生产和竞争;而中西部地区产业变迁以内向型产业为主。依赖于丰富的资源和劳动力,在能源生产和资源开采产业具有比较优势,产业结构仍以资本要素驱动为主,不利于中西部地区的产业结构升级。再加之,由于我国东、中、西地区在经济发展水平、技术水平、创新能力、产业布局等有所不同,产业发展产生区域差异。东部地区技术创新能力较强,有较完备的基础设施,会吸引更多的资源流入,带动新兴产业和高技术产业的发展,而中西部地区仍以传统服务业为主。我国各地区之间技术水平、创新能力的差异,会阻碍产业的发展进程,不利于产业结构转型升级。

二、产业内部结构发展不合理

　　从第一产业发展来看,第一产业是人类生存之本,是国民经济的基础,农业在保持稳步增长的基础上。当前依然存在生产效率低,生产模式落后等问题。一方面,第一产业经营模式较粗放,农业生产仍然是以家庭为单位,机械化水平较低,这种生产模式已经不符合当前科技和机械化的趋势,农产品在国际上也不具有竞争优势。另一方面，农业生产者素质普遍较低，不能满足农业现代化的发展要求，不利于农业生产转型，生产效率仍然较低，远远低于发达国家。从第二产业发展来看，我国作为"工业大国"，但第二产业"大而不强"、缺乏核心技术，产品附加值低，在国际市场上缺乏核心竞争力。从制造业来看，中国虽然是世界上制造业规模最大的国家，但制造业中的关键零部件生产、核心技术、创新能力等方面还不充分，所提供的产品处于产业链的低端位置。制造业发展中存在着低端制造供给过剩，而高端制造供给不足，尤其是传统制造业领域存在产能过剩，导致资源浪费，制造业高级化水平不充分。虽然2002年以来我国一直强调走新型工业化道路，但高耗能、低效益的制造业仍占较大比重，环境污染和资源浪费问题严峻。因此，在第二产业的发展中，尤其对于制造业，无论是在产业规模、核心技术、产品附加值、清洁生产等方面都具有较大的发展空间（黄慧群，2018）。从第三产业发展来看，第三产业规模增大，服务业已经成为国民经济中第一大产业，虽然近年来服务业内部结构有所改善，但在发展中也面临着结构不合理、国际竞争力不强等问题（何德旭和姚战琪，2008）。从表4-1第三产业内部结构可以看出，近年来，第三产业中批发、零售、住宿和餐饮业比重有所下降，金融业和房地产业比重不断上升，表明中国产业结构正在转型升级，服务业内部结构有所改善。但与发达国家相比，中国服务业生产性服务业比重仍较低，中国服务业发展主要集中于餐饮、交通运输等部门，信息、科技、金融等生产性服务业明显不足。因为生产性服务业大多属于垄断经营，行业进入壁垒较高，资源不能合理自由流动，再加之参与社会分工的深度不够，所以市场化的生产性服务业发展不足。

表 4-1　第三产业内部结构　　　　　　　　　　　　　　单位：%

年份	批发和零售业	交通运输、仓储和邮政业	住宿和餐饮业	金融业	房地产业	其他行业
1978	26.78	20.11	4.93	8.45	8.81	29.34
1992	24.88	17.47	6.05	15.33	11.37	23.89
1997	22.68	14.87	5.60	14.98	10.44	30.43
2002	19.44	14.57	5.30	10.80	10.37	38.54
2007	18.09	12.61	4.79	13.13	11.84	38.49
2012	20.35	9.70	3.89	14.41	12.56	38.00
2017	18.51	8.47	3.43	14.79	13.02	40.85
2020	17.41	7.35	2.77	15.15	13.30	43.09

三、产业结构不协调，产业间劳动力配置存在扭曲

产业结构的协调性与合理化是某一部门产值在 GDP 中所占比重与某部门就业人数与全部就业人数的比值趋于一致，协调发展。否则将面临就业结构与产业结构不匹配，产业间劳动力配置扭曲。通过对 1978 ~ 2000 年产业结构偏离度的计算结果发现[①]（见表 4-2），第一产业偏离度均为负值，在改革开放初期偏离度已较高，此后偏离度越来越大，劳动力占比大于产值占比，意味着农业部门存在劳动力过剩，就业冗员严重。第二产业偏离度为正值且较大，第二产业正在接纳从农业转移出来的劳动力，但近些年来偏离度越来越小，产业结构与就业结构正在向协调方向发展。第三产业偏离度为正，但逐年递减并向零靠近，意味着第三产业成为吸收劳动力的主要部门。由此说明中国三大产业发展面临不同程度的不协调、非合理化的状况。由于目前产业间劳动生产率仍存在一定的差距，第一产业边际生产率较低，但第一产业的劳动力仍然过剩，说明第一产业劳动力流动存在较高壁垒，无法满足第二、第三产业对劳动力的需求，产业间劳动力配置存在扭曲。在未来应致力于推动劳动力就业由第一产业向第二、第三产业流动，通过劳动力在产业间的合理配置带动产业结构转型升级。

表 4-2　中国三大产业结构偏离度

年份	第一产业偏离度	第二产业偏离度	第三产业偏离度
1978	−0.6072	1.7577	1.0199
1992	−0.6359	0.9862	0.7980
1997	−0.6413	0.9874	0.3258
2002	−0.7340	1.0794	0.4755
2007	−0.7500	0.7500	0.3241
2012	−0.7283	0.4905	0.2620
2017	−0.7189	0.3945	0.1789
2020	−0.6737	0.3171	0.1425

---

① 本章产业结构偏离：E=a/A-1，其中，a 表示某一部门产业与 GDP 的比值，A 表示某部门就业人数与全部就业人数的比值。E=0，表示就业结构和产业结构处于均衡状态；E 与 0 的差距越大，表示产业结构的偏差越大。

四、创新力不足，产业基础能力较弱

创新驱动是我国"十四五"时期引领新经济发展的战略支撑，也是推动产业结构转型升级的关键动能。虽然我国是专利数量大国，但与世界其他发达国家相比，我国在自主创新领域仍然是"跟随者"，自主创新能力不足。产业基础主要包括基础零部件、基础材料、基础工业和基础技术，基础产业能力是产业形成和发展的重要保障和推动力（任保平和豆渊博，2021）。虽然我国是制造业大国，但基础产业能力较低，对外依存度高，不利于产业结构的转型升级。党的十九届五中全会提出，提升产业基础能力，打造新兴产业链，推动产业结构升级。一是由于我国自主创新能力不足，在产业链的核心领域、关键环节仍存在技术障碍，关键核心零部件的生产多数依赖于国外，同时对基础产业的投资相对不足，制约了基础产业能力的提升。此外，部分行业在核心领域和关键环节的缺失，也影响产业链的宽度和长度，高技术产业和新兴产业的发展难以得到有效延伸和拓展，阻碍产业结构转型升级。二是我国高技术产业在全球产业链中处于低附加值环节，产品的技术含量较低。从全球范围来看，2020年中国以23.8%的份额成为世界第一高技术产品出口国，但仍主要是低附加值的产品。此外，企业自主创新能力弱，生产效率相应较低，无法满足高技术产业发展创新的新需求，不利于产业结构转型升级。

本 章 小 结

本章对科技金融和中国产业结构转型升级进程及驱动力进行研究，研究发现三个问题：

第一，从科技金融发展进程来看，科技金融发展先后经历三个阶段：起步阶段、发展阶段和深入发展阶段。

第二，从中国产业结构转型升级的进程来看，产值结构的变动分为三个阶段：①二产占主导，一产次之的"二一三"阶段；②三产快速发展的"二三一"阶段；③后工业化特征的"三二一"阶段。同时，不同产业就业结构的变动可分为三个阶段：①一产就业占主导，三次产业就业人数稳步上升；②就业由第一产业向第三产业转移；③工业化加速时期，进入后工业化时期。纵观中国产业结构

变迁的整个进程，经济体制改革和对外开放的实施是中国产业结构变迁的主要驱动力，在需求侧和供给侧两方面影响产业结构转型升级。从需求侧的角度来看，中国产业结构转型升级的内在动力为消费、投资和净出口的变化。从供给侧因素来看，劳动力转移成本和技术进步是驱动产业结构转型升级的着力点，然而，产业结构不同阶段下其驱动力有所侧重。

第三，中国产业结构转型升级过程中存在的问题具体表现为以下四点：①产业结构区域间不平衡；②产业内部结构发展不合理；③产业结构非协调，产业间劳动力配置存在扭曲；④创新力不足，产业基础能力软弱。

第五章

科技金融对中国产业结构
转型升级的基本影响

前面章节从理论层面讨论科技金融对产业结构转型升级的内在机制。理论分析的结论需要实证检验。本章中将实证检验科技金融对产业结构转型升级的基本影响。本章研究包括三个部分：①结合科技金融和产业结构发展进程和驱动力，基于理论机制分析以及中国科技金融效率的测度结果，运用近十年的面板数据，实证检验科技金融对产业结构转型升级的基本影响。②进行一系列的稳定性检验，以说明实证结果的可靠性。③系统检验科技金融效率各维度对产业结构转型升级的差异化影响。

第一节　模型构建与指标说明

本节旨在结合第一节产业结构发展现状的分析以及理论机制，运用近十年的面板数据，实证检验科技金融对产业结构转型升级的基本影响。研究包括三个部分：①构建广义最小二乘估计模型和面板分位数模型，对被解释变量及控制变量进行测度。②实证分析科技金融对产业结构转型升级是否具有积极的推动作用。③系统检验科技金融效率各维度对产业结构转型升级的差异化影响。

一、模型构建

根据上一节对产业结构转型升级的现状分析，我们已经明确中国科技金融整体状况，而科技金融对中国产业结构转型升级的直接影响，需通过构建数理模型进行深入分析。我们将基准模型构建如下：

$$upis_{i,\,t} = \alpha_0 + \alpha_1 scifinan_{i,\,t} + \sum \beta x_{i,\,t} + \varepsilon_{i,\,t} \qquad （5-1）$$

其中，$is_{i,\,t}$ 为 i 地区 t 时期产业结构转型升级水平。$scifinan_{i,\,t}$ 为 i 地区 t 时期的科技金融效率。a_1 为科技金融效率对产业结构转型升级的影响系数，如果 $a_1>0$，说明科技金融能够促进产业结构转型升级；如果 $a_1<0$，说明科技金融对产业结构转型升级具有阻碍作用；如果 $a_1 = 0$，说明科技金融对产业结构转型升级不具有影响。$x_{i,\,t}$ 为一系列控制变量，包括金融发展水平、经济发展水平、政府规模、基础设施水平以及对外开放程度。$\varepsilon_{i,\,t}$ 为随机扰动项。

上述基准模型是基于科技金融对产业结构转型升级的期望均值，通过使残差平方和最小获得的估计结果，为进一步检验科技金融对整个条件分布下产业结构转型升级的不同影响，本书采用分位数回归模型对基准模型进行拓展。分位数回归思想最早是由 Koenker 和 Bassett（1978）提出，该模型假设条件较少，只要求随机扰动项的条件均值为零；再加之该模型使用最小化加权的残差绝对值之和作为目标函数，不受极端值的干扰；此外，该模型能估计出各种条件（1/2、1/4 等）分布的分位数，在不同分布条件下估计解释变量对被解释变量的不同影响。一般而言，假设 λ_k 为观测的分位点数，分位数模型设定如下：

$$upis_{i,\,t} = \theta_i + \alpha_1(\lambda_k)scifinan_{i,\,t} + \sum \beta(\lambda_k)x_{i,\,t} + \varepsilon_{i,\,t} \qquad （5-2）$$

二、指标说明

（一）被解释变量

为了反映产业结构的内部变动情况，本章分别从产业结构的高级化与合理化两个方面测度。其中，产业结构的高级化意味着产业结构由低水平状态向高水平状态演变的过程。对于产业结构的测度，不同学者采取不同的计量方法。有的学者根据克拉克定律、工业化率等指标来衡量产业间的转型升级状况，还有的关注制造业内部和服务业内部的产业结构转型升级状况，使用制造业中资本和技术密集型产业的产值占比来表征制造业由劳动密集型向资本密集型的转型升级；将服务业划分为生产性服务业和非生产性服务业，生产性服务业通常是指高端的服务业，其为技术含量较高、生产效率较强的服务行业，主要包括金融、商业、保险、房地产、研发设计、交通仓储和邮政快递、生产性租赁服务等，使用生产性服务业在第三产业中的占比来表征产业结构由生活性服务业向生产性服务业的转型升级（汪伟等，2015）。本章聚焦于产业间产业结构的转型升级状况，为了反映产业结构高级化的内涵，在参照已有文献的基础上，使用两种指标测度产业结构高级化。

首先，根据 Kuznets 事实，可以对第一、二、三产依次赋予不同的权重来构建产业结构指数，以反映产业结构由第一产业向第二、三产业演进的过程。该种衡量方式用于基准回归中科技金融对产业结构高级化的影响，具体计算公式为：

$$ais1 = \sum_{j=1}^{3} j \cdot y_j, \ j = 1, 2, 3, \ 1 \leq ais1 \leq 3 \qquad (5\text{-}3)$$

其中，y_j 表示第 j 产业增加值占总产值的比重，j 的取值为 1，2，3，分别表示第一产业增加值、第二产业增加值和第三产业增加值。通过对不同产业赋予不同的权重，得到产业结构高级化指数，这一指数的取值范围是 1~3，数值越大意味着产业结构转型升级水平越高（徐敏和姜勇，2015）。

其次，根据克拉克定律产业结构转型升级的度量为非农产业的占比，但该种衡量方式无法反映出经济结构的"服务化"倾向。由此，鉴于在经济"服务化"过程中第三产业增加值高于第二产业增加值，本章借鉴干春晖等（2011）的做法，将产业结构高级化（$ais2$）用第三产业增加值比第二产业增加值来衡量。该度量方式能够反映出产业结构的服务化倾向，如果 $ais2$ 上升，那么意味着经济结构向服务化倾向发展，产业结构高级化水平越高。该种方式为本章稳健性检验回归中对产业结构高级化的衡量，具体计算公式为：

$$ais2 = y_{i, 3, t} \, / \, y_{i, 2, t} \qquad (5\text{-}4)$$

产业结构合理化是产业间在动态演进过程中不断提升的协调能力和关联程度，是衡量产业结构转型升级的另一视角，既可以反映出产业间的协调能力和关联程度，也可以反映出资源在产业间的有效利用程度，是对产业间聚合质量的评估，也就是对生产要素投入结构与产出结构耦合程度的衡量（干春晖，2011）。在现有研究中，对产业结构合理化的测度方法主要有三种，Hamming 贴近度（田新民和韩瑞，2012）、产业结构偏离度（韩永辉等，2017）和泰尔指数（干春晖等，2011）。Hamming 贴近度衡量方法需要对数据进行模糊化处理，降低了数据的说服力，无法反映三次产业增加值的实际状况，更不能反映出生产要素的投入与产出耦合程度。产业结构偏离度仅考虑的是某一产业的就业比重与产业增加值之比与 1 的差，该指标将各产业"一视同仁"，忽视了三次产业在经济体中的不同重要地位，也不能准确度量三次产业之间的协调能力和关联程度。为此，本章采用泰尔指数衡量产业结构的合理化水平。泰尔指数是由泰尔（Theil & Henri，1967）计算收入不平等而得名，这一指标经常被用作衡量地区收入不平衡问题（王少平和欧阳志刚，2007）。后来，干春晖等（2011）对泰尔指数重新定义，用来度量产业结构合理化。泰尔指数衡量的是三次产业中劳动力就业人员与产出是否相协调，该指标是逆向指标。如果劳动投入与产出相协调、耦合性高，产业结构具有合理化，那么泰尔指数趋近于零。反之，泰尔指数不为零，意味着产业结构不合理，处于偏离状态。具体计算公式：

$$theil_{i,\,t} = \sum_{m=1}^{3} \left(\frac{Y_{i,\,t,\,m}}{Y_{i,\,t}} \right) ln \left(\frac{\dfrac{Y_{i,\,t,\,m}}{Y_{i,\,t}}}{\dfrac{L_{i,\,t,\,m}}{L_{i,\,t}}} \right), \quad m = 1,\ 2,\ 3 \qquad （5-5）$$

其中，$Y_{i,\,t,\,m}$ 表示 i 地区 t 时期产业的增加值，$L_{i,\,t,\,m}$ 表示 i 地区 t 时期 m 产业的就业人数，$\dfrac{Y_{i,\,t,\,m}}{Y_{i,\,t}}$ 表示 i 地区 t 时期第 m 产业增加值占 GDP 的比重，$\dfrac{L_{i,\,t,\,m}}{L_{i,\,t}}$ 表示 i 地区 t 时期 m 产业从业人员占总就业人员的比重。

（二）核心解释变量

根据科技金融的内涵，在科学构建科技金融效率的投入与产出体系的基础上，通过超效率 SBM 模型，对 2009 ~ 2019 年中国 30 个省份的科技金融效率进行测度，该指标能在整体上反映出中国科技金融的发展能力。

1. 投入产出指标体系的构建

科技金融是通过改革财政科技投入方式，引导和促进金融机构及各类资本创新金融产品，改进服务模式，搭建服务平台，实现科技与金融的有机结合，为高技术企业提供融资支持和金融服务的一系列政策和制度安排。由科技金融的内涵可知，科技金融的参与主体有政府、企业与金融机构（谷慎和汪淑娟，2018）。根据各主体在科技创新方面的投入，选取企业 R&D 经费投入、地方财政科学技术支出、金融机构科技贷款三项投入指标。其中，2017 年以后国家统计局不再公布金融机构科技贷款的数据，本章参照白俊红和蒋伏心（2015）的做法，用地区资金来源中总的研发资金减掉政府、企业和国外的资金，近似表征金融机构科技贷款。

根据科技金融效率评价的相关研究（张玉华和张涛，2018；李俊霞和温小霓，2019）发现，科技金融的产出成果包含专利质量、科技成果转化规模和高技术产业发展能力。本章选取发明专利申请授权数衡量专利质量；选取技术市场成交额衡量科技成果转化规模；选取高技术产业新产品销售收入衡量高技术产业发展能力。

2. 超效率 SBM 模型

本章借鉴 Tone（2002）的做法，采用超效率 SBM 模型对中国科技金融效率进行测度。超效率 SBM 模型克服了传统 DEA 模型的缺陷，构建基于非径向的角度，并考虑到松弛变量模型，将不同时期的决策单元在最佳生产前沿下进行测度，解决了不同时期科技金融效率的可比性问题。超效率 SBM 模型分为规模报酬不变（CRS）及规模报酬可变（VRS）两种假设。在选择规模报酬是否可变时，发现规模报酬不变与规模报酬可变的情况下各省份的科技金融效率基本无差别，因此采用 CRS 假设下测算的科技金融效率。

超效率 SBM 模型的构建如下：假设有 $k=1$，2，$\cdots$，K 个决策单元，每个决策单元投入 I 种要素 x_i（$i=1$，2，$\cdots$，I），生产 M 种产出 y_m（$m=1$，2，$\cdots$，M）。对于每个时期 T，满足闭集和有界集、投入和产出可自由处置等条件的生产可能性集合（Production Possibilities Set，PPS）如式（5–6）所示：

$$PPS^T = \left\{ (x_t, y_t) \Big| \sum_{k=1}^{K} \lambda_k^t x_{ki}^t \leqslant x_{oi}^t, \ \sum_{k=1}^{K} \lambda_k^t y_{km}^t \geqslant y_{om}^t; \ \lambda_k^t \geqslant 0 \right\} \tag{5-6}$$

其中，PPS^T（$T=1$，2，$\cdots$，t）为不同时期的生产可能性集合，(x_{oi}^t, y_{om}^t) 为决策变量的参考点。超效率 SBM 模型的分式规划模型如式（5–7）所示：

$$\begin{cases} E = \min\limits_{\lambda, s_i^x, s_m^y} \dfrac{1 - \dfrac{1}{I}\sum\limits_{i=1}^{I} \dfrac{s_i^x}{x_{oi}^t}}{1 + \dfrac{1}{M}\sum\limits_{m=1}^{M} \dfrac{s_m^y}{y_{om}^t}} \\[4mm] \text{s.t.} \sum\limits_{t=1}^{T}\sum\limits_{k=1}^{K} \lambda_k^t x_{ki}^t + s_i^x = x_{oi}^t, \ \forall i \\[4mm] \sum\limits_{t=1}^{T}\sum\limits_{k=1}^{K} \lambda_k^t y_{km}^t - s_m^y = y_{om}^t, \ \forall m \\[2mm] s_i^x \geqslant 0, \ s_m^y \geqslant 0, \ \lambda_k^i \geqslant 0 \end{cases} \tag{5-7}$$

其中，E 为 DEA 超效率值；S_i^x、S_m^y 分别表示投入和产出的松弛变量；λ_k^t 表示每个决策单元的权重。当 $E \geqslant 1$ 时，且 $S_i^x = S_m^y = 0$ 时，说明 DEA 相对有效；当 $E \geqslant 1$ 时，且 $S_i^x \neq 0$ 或 $S_m^y \neq 0$ 时，说明 DEA 弱有效；当 $E < 1$ 时，说明 DEA 相对无效，需要对投入变量或产出变量进行改进。

（三）控制变量

为了防止遗漏变量带来的估计结果出现偏误，本章在已有研究的基础上，选取了金融相关率、政府规模、经济发展水平、基础设施水平、对外开放程度等控制变量，以上控制变量的具体设定如下：

1. 金融相关率（*finan*）

适宜性的金融能够激发企业家精神并为高技术企业开展创新活动提供融资，有助于高技术产业的发展，推动金融资源由传统行业流向新兴行业，从工业流向服务业，使得服务业比重不断增加。金融发展还通过调节市场供给结构和提高资源配置效率，成为推动产业结构转型升级的重要动力（陈峰，1996）。借鉴陈明华等（2016）的做法，采用存款与贷款之和与地区生产总值的比值度量金融相关率。

2. 政府规模

一般而言，政府投资的方向与重点决定了产业发展的速度。政府通过对生产要素的合理配置，将投资重点置于基础科学领域，国家财政对企业从事研发和技术创新的"汲水功能"也尤为重要（储德银和建客成，2014）。一般而言，在产业结构转型升级中，政府通过引导资金流向产品高附加值领域，致力于形成集约型经济发展方式，影响产业结构转型升级。然而，分权竞争下的政府财政行为呈现出规模上的扩张性和结构上的偏向性（傅勇和张晏，2007；方红生和张军，2009），政府财政支出在规模上的扩张性意味着企业进行生产需要提供的资本缺乏稳定性，对企业生产经营活动难以形成有力保障。因此，政府财政行为的波动性会直接影响企业的生产经营活动，政府在财政支出上对地方发展经济的推动作用在一定程度上是以经济结构失衡为代价（安苑和王珺，2012）。由此可见，政府在财政规模上对于产业结构转型升级的影响具有异质性。借鉴徐海东（2019）的做法，采用政府一般公共财政支出与地区生产总值的比值度量政府对产业结构的调整力度。

3. 经济发展水平

地区经济发展水平是产业结构调整的基础，一个地区的经济发展水平越高，其可能投资于较多的资金进行技术改造，此外，经济的发展引致居民的消费需求，对企业提供的服务提出较高的需求，迫使企业进行产品升级，进行高附加值产品的生产，进而影响产业结构的转型升级（付凌晖，2010）。然而，经济发展水平对产业结转型升级的影响具有异质性，在经济发展的不同阶段，产业结构调整的经济增长效应也不尽相同，即不同地区之间会因所处不同发展阶段存在不同的经济增长动力。当前，我国产业结构呈现明显的"服务化"倾向，导致中国经济增长处于"结构性减速"（于斌斌，2015）。因此，经济增长速度越快，并不意味着产业结构水平越高。在我国经济发展由高速度转向高质量发展转变时期，经

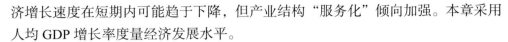

济增长速度在短期内可能趋于下降，但产业结构"服务化"倾向加强。本章采用人均 GDP 增长率度量经济发展水平。

4. 基础设施建设水平

依据新结构经济学理论（林毅夫，2014），在不同的经济发展阶段，产业结构因禀赋结构变化而不同，一个经济体若能在长期实现持续增长，需要有与之相配套的基础设施促进其运行。基础设施的建设能够为产业集聚和分工带来"扩展效应"，各地区充分发挥各自的比较优势，通过节约交易成本，提升交易效率，加速知识外溢和技术交流。因此，基础设施会通过"分工效应""学习效应"和"趋同效应"影响产业结构转型升级（孙伟增等，2022）。然而，"学习效应"并不必然带来产业结构转型升级，生产技术本质上为隐形知识，很难在不同地点转移（Teece，1977）。如果我国与产出较高但产业结构水平较低地区进行产品交换时，学习效应可能导致我国产业结构水平在短期内下降，与相交流的地区趋同，此时"趋同效应"占主导；反之，如果我国与产业结构水平都较领先的地区商品往来时，学习效应则可能在短期内提升我国的产业结构水平。因此，"外溢效应"会帮助本地区在短期内提高产业结构水平，但"学习效应"并不必然对产业结构带来积极影响。所以，基础设施建设水平对产业结构的影响存在异质性，如果"外溢效应"占主导，那么能够推动产业结构转型升级；如果"趋同效应"占主导，那么在短期内可能不利于产业结构转型升级。本章借鉴刘秉镰（2010）的做法采用人均公路里程数衡量地区基础设施建设水平。

5. 对外开放程度

在当前经济全球化背景下，对外开放带来国际要素分工的变动（张潇萌和杨宇菲，2016），要素分工能够为发展中国家带来的"比较优势创造效应"和"比较优势效应"，降低发展中国家融入经济全球化的"门槛"（金京等，2013）。贸易的自由化有利于要素的流动，相似要素密集度特征的产品价值增值环节和阶段在地域上容易形成集聚，产业集聚有利于知识和技术在企业之间外溢，从而促进企业技术进步，影响产业结构转型升级（Krugman，1991）。此外，从出口"学习效应"来看，出口贸易发展中进口具有技术和知识密集型的中间产品，而对中间产品进行再生产、组装和加工，能带来技术的"外溢效应"，进而通过技术创新影响产业结构转型升级。同样，进口的"学习效应"也不必然带来产业结构转型升级，对外开放对产业结构的影响存在异质性。本书采用进出口总额与 GDP 的比值来衡量对外开放程度。需要说明的是，进出口总额的数据是以美元为单位，本书以人民币对美元的平均汇率对进出口总额进行汇率换算，使进出口总额与 GDP 的单位保持一致，再计算与 GDP 的比值。

本章的数据为中国 30 个省份（不包含西藏和港澳台地区）2000 ~ 2019 年省级层面数据，原始数据来源于《中国统计年鉴》及各省份统计年鉴，个别数据缺失通过插值法计算得到，表 5-1 为主要变量及数据说明，表 5-2 为变量的统计性描述。

表 5-1　主要变量及数据说明

变量类型	变量	变量名称	计算方法
被解释变量	ais3	产业结构高级化	三次产业赋予不同的权重再加总
	ais2	产业结构高级化	第三产业产值 / 第二产业产值
	theil	产业结构合理化	泰尔指数计算所得
解释变量	sci-finan	科技金融效率	超效率 SBM 模型计算所得
控制变量	finan	金融相关率	（存款余额 + 贷款余额）/GDP
	gov	政府规模	政府公共一般财政支出 /GDP
	eco	经济发展水平	人均 GDP 增长率
	inf	基础设施水平	人均公路里程数
	open	对外开放水平	进出口总额 /GDP

表 5-2　变量的统计性描述

变量	样本量	均值	标准差	最小值	最大值
ais3	300	1.1625	0.6703	2.0690	2.8320
ais2	300	2.3624	0.1296	0.4970	5.1692
theil	300	0.2223	0.1451	0.0175	0.9315
sci-finan	300	0.6832	0.5305	0.0092	2.8765
finan	300	3.3807	3.3316	1.1678	106.1599
gov	300	0.2613	0.1148	0.1130	1.3538
eco	300	0.1046	0.0543	0.0086	0.2503
inf	300	14.7638	7.7931	1.1700	33.7100
open	300	0.4609	0.9989	0.0127	10.2464

第二节　实证结果与分析

一、基准模型构建

本书采用最小二乘方法（OLS）对基准模型进行估计，结果见表 5-3。第

（1）、第（2）列是未加入控制变量科技金融对产业结构高级化与合理化的回归结果，第（3）、第（4）列为加入控制变量科技金融对产业结构高级化与合理化的回归结果。由第（1）和第（3）列的回归结果可知，科技金融对产业结构高级化的估计系数为 0.0630 和 0.0414，无论是否加入控制变量，均在 1% 水平下显著，说明科技金融能够促进产业结构高级化。由第（2）和第（4）列的回归结果可知，科技金融对产业结构合理化的估计系数为 –0.0321 和 –0.0153，未加入控制变量时在 1% 水平下显著，科技金融能够抑制产业结构的偏离，提高关联性和合理性。但加入控制变量后结果不显著，说明科技金融对产业结构合理化的影响不明显。因此，通过 OLS 模型似乎说明科技金融有利于产业结构高级化，对产业结构合理化的影响不明显。

表 5-3　科技金融对产业结构转型升级的普通最小二乘（OLS）回归结果

变量	(1)	(2)	(3)	(4)
	ais1	*theil*	*ais1*	*theil*
sci-finan	0.0630*** (0.0123)	–0.0321*** (0.0100)	0.0414*** (0.0104)	–0.0153 (0.170)
finan	—	—	0.0034*** (0.0012)	0.0015 (0.0019)
gov	—	—	0.1098 (0.1111)	0.6675*** (0.0607)
eco	—	—	–0.4203*** (0.0704)	0.9028*** (0.1177)
inf	—	—	0.0085*** (0.0019)	0.0051*** (0.0009)
open	—	—	–0.0062** (0.0036)	–0.0138** (0.0068)
_cons	2.3193*** (0.0220)	0.2600*** (0.0134)	2.2154*** (0.0511)	–0.0811*** (0.0304)
F	26.1700	12.5859	14.6157	42.8606
N	300	300	300	300
R^2	0.3181	0.0373	0.1039	0.4565

注：*、**、*** 分别表示 1%、5%、10% 的显著性水平检验，括号内为回归系数的标准差，下同。

　　由于普通最小二乘法（OLS）的假设条件很严格，如同方差性，现实中的数据很难满足这样的要求，造成结果的欠拟合。因此，为了避免因内生性问题带来基准回归的结果的偏误，本章再采用广义最小二乘方法（FGLS）来降低基准回归模型的内生性问题，结果见表 5-4。此时，通过沃尔德检验可知，检验结果分别为 32.08、12.67、228.95 和 263.31 均强烈拒绝原假设，说明建立的基本模型存在异方差性。因此，采用允许个体扰动存在异方差的广义最小二乘方法（FGLS）进行估计，从表4-7结果可以看出，第（1）和第（3）列分别为不加入控制变量与加入控制变量后科技金融对产业结构高级化的回归结果。无论是否加入控制变量，科技金融对产业结构高级化具有积极影响，影响效应大小为0.0759和0.0586，均通过1%显著水平检验。主要原因在于，本书构建的科技金融效率指标，综合考虑到科技金融主体在科学技术上的投入与取得的科技产出之间的效率，显然，企业通过改进生产工艺流程，加大在科学技术方面的投入，提高自主创新能力，在"学习效应""分工效应"和"扩散效应"的作用下，扩大了知识密集型产业的发展规模，有利于产业结构向"服务化"方向发展，进而有利于产业结构高级化。加入控制变量后，金融发展水平和对外开放水平对产业结构高级化具有推动作用。这表明：金融作为现代经济的血脉，银行通过信贷引导资金的流动，为现代企业部门提供资金支持，缓解企业融资问题，使现代技术部门增加对研发的投入，推动经济资源从传统部门流向现代技术部门，从工业流向服务业，使服务业的占比不断提高，推动产业结构高级化（易信和刘凤良，2018）。贸易自由化促使要素的流动，要素由低端行业向高端行业流动，再加之，在贸易出口的"学习效应""溢出效应"和"趋同效应"作用下，扩大了知识密集型产业的发展规模，有利于产业结构向"服务化"方向发展，进而推动产业结构高级化。

表 5-4 科技金融对产业结构转型升级的广义最小二乘（FGLS）回归结果

变量	(1)	(2)	(3)	(4)
	ais1	theil	ais1	theil
sci-finan	0.0759*** (0.0134)	−0.0551*** (0.0155)	0.0586*** (0.0113)	−0.0565*** (0.0122)
finan	—	—	0.0026** (0.0018)	0.0015 (0.0019)
gov	—	—	−0.3613*** (0.0554)	0.6675*** (0.0600)
eco	—	—	−0.7980 (0.1072)	0.9028*** (0.1164)
inf	—	—	−0.0063*** (0.0008)	0.0051*** (0.0009)
open	—	—	0.0085 (0.0062)	−0.0138** (0.0068)
_cons	2.3105*** (0.0116)	0.2600*** (0.0134)	2.5804*** (0.0277)	−0.0811*** (0.0300)
N	300	300	300	300
wald	32.08	12.67	228.95	263.31

通过第（2）和第（4）列可知，无论是否加入控制变量，科技金融对于产业结构合理化的影响系数均为负，分别为 –0.0551 和 –0.565，并通过 1% 显著性水平检验。这说明科技金融能够缩小产业之间的偏离度，有利于产业结构合理化。产业结构合理化水平的提高意味着产业之间协调度和聚合质量的整体提升，是经济长期发展形成的结果。在加入控制变量后，金融发展水平、政府规模、经济发展水平和基础设施建设有利于促进产业结构合理化。由于金融发展为新兴行业的融资提供了便利，通过技术创新优化资源配置的功能，促进要素在产业间合理流动，提高产业聚合内在质量，降低产业的不合理波动（逯进和李婷婷，2021）。提高产业结构合理性的关键在于资本、技术、劳动力等资源向高效率部门转移，金融和劳动力作为两种核心要素，在结构上相互匹配以提高生产效率（叶德珠等，2021），正如新结构金融学理论所言，不同发展阶段的产业对融资需求有结构性差异（Allen & Gale，2000），当金融发展与产业结构相适应时，能够最大限度地发挥金融体系的效率，拉动产业增长（杨子荣和张鹏杨，2018）。政府财政支出是地区经济发展的一个主要资金来源，政府通过对高技术产业的扶持，营造良好的创新发展环境，也就是发挥政府规模对技术创新的"汲水作用"，推动密集型产业的发展，带来劳动要素投入与产品成果产出的合理配置，缩小产业间的偏离度，促进产业结构合理化。经济发展水平的高低影响产业发展的速度和方向，在坚实的经济基础上，地区内部资源的配置效率不断优化，产业之间的协调能力不断提升。同时，基础设施建设作为影响产业结构的重要因素之一，便利的基础设施能够有效提升地区的通达性，节约成本，吸引更多的人才、技术和资本的流入，并拉动地区空间的优化，增加对劳动力的需求（Chen & Silva，2013）。这些因素在一定程度上促进地区旅游业、餐饮业等服务业的发展，推动劳动力向服务行业流动，提高产业和劳动力的耦合程度，有利于产业结构合理化。

二、稳健性检验

为了避免因为被解释变量选取而产生回归结果的偏误，本章通过替换被解释变量，分别采用普通最小二乘（OLS）和广义最小二乘（FGLS）来验证基准回归模型的稳健性，具体的估计结果见表 5-5。稳健性检验中采用的被解释变量为对三次产额赋予不同的比重再加总得到的产业结构高级化指标，即前文介绍的 $ais2$。第（1）、第（2）列为采用普通最小二乘法（OLS）对基准模型的重新估计，通过回归结果可知，无论是否加入控制变量，科技金融对产业结构高级化的估计系数为正，且通过显著性水平检验，说明科技金融能够有效推动产业结构高级化。由第（3）、第（4）列为采用加权最小二乘法（FGLS）对基准模型的重新估计，通过沃尔德检验可知，系数分别为24.56和108.17，且强烈拒绝原假设，说明广义最小二乘的回归结果更为有效。通过回归结果可知，无论是否加入控制变量，科技金融对产业结构高级化的影响系数均为正，分别为0.3476和0.2458，且通过1%显著性水平检验。由此可见，根据两种不同的方法并替换被解释变量，所得结论均与基准回归模型（FGLS）一致，从而证实科技金融能显著推动产业结构高级化。

表 5-5　稳健性检验

方法	OLS		FGLS	
	(1)	(2)	(3)	(4)
被解释变量	$ais2$		$ais2$	
sci-$finan$	0.1885*** (0.0584)	0.0901* (0.0512)	0.3476*** (0.0701)	0.2458*** (0.0663)
$control$	—	Yes	—	Yes
$\_cons$	1.0337*** (0.1160)	0.0778*** (0.2781)	0.9251*** (0.0606)	1.8661*** (0.1629)
N	300	300	300	300
R^2	0.0948	0.1925	—	—
wald	—	—	24.56	108.17

三、分位数回归

根据式（5-2），本章采用分位数回归对科技金融与产业结构转型升级的基本影响进行再估计，估计结果如表5-6所示，表5-6为科技金融对产业结构高级化的分位数回归。第(1)～第(5)列分别表示科技金融对产业结构高级化分别在5%、25%、50%、75%和90%分位数的回归结果。回归结果表明，加入控制变量后科技金融对产业结构高级化的影响系数为正，除了90%分位数以外，且均通过1%或10%显著性水平检验，这说明科技金融能够促进产业结构高级化。通过观察各分位数的回归系数可知，科技金融对5%、25%和50%分位数上产业结构高级化的估计系数为0.0419、0.0461和0.0530，均通过1%显著性水平检验，有效推动中国产业结构高级化。然而，科技金融对75%分位数上产业结构高级化的促进作用有所降低，对90%分位数上的产业结构高级化影响不显著，说明产业结构高级化水平处于较高阶段时，科技及金融对产业结构高级化的推动作用有所减弱。总体而言，科技金融有利于促进产业结构高级化。

表 5-6　科技金融对产业结构高级化的分位数回归

变量	(1)	(2)	(3)	(4)	(5)
	5%	25%	50%	75%	90%
sci-finan	0.0419*** (0.0103)	0.0461*** (0.0145)	0.0530*** (0.0157)	0.0280* (0.0166)	0.0441 (0.0144)
control	Yes	Yes	Yes	Yes	Yes
_cons	2.2664*** (0.0253)	2.3977*** (0.0356)	2.5625*** (0.0386)	2.3651*** (0.0408)	2.3298*** (0.0353)
R^2	0.2076	0.1749	0.2301	0.3088	0.4817
N	300	300	300	300	300

表 5-7 为科技金融对产业结构合理化的分位数回归结果，第 (1) ~ 第 (5) 列表示科技金融对产业结构合理化分别在 5%、25%、50%、75% 和 90% 分位数的回归结果。回归结果表明，加入控制变量后科技金融对产业结构合理化的影响系数为负，说明科技金融能够显著抑制产业结构的偏离度，提升产业间的关联度和聚合质量，有利于促进产业结构合理化。通过观察各分位数的回归系数可知，科技金融对 5% 分位数的产业结构合理化影响不显著，在 25%、50% 和 75% 分位数显著为负，均通过 1% 显著性水平检验，特别是产业结构合理化在 50% 分位数时回归系数最大，说明在产业结构偏离度在中位数时，科技金融对产业结构偏离度的抑制作用最为明显。然而，产业结构偏离度增高到 90% 分位数时，科技金融对产业结构合理化的影响不显著，这意味着要持续推动高分位数上产业结构的合理化，需要继续提高我国的科技金融效率。总体而言，科技金融有利于推动产业结构合理化。

表 5-7　科技金融对产业结构合理化的分位数回归

变量	(1)	(2)	(3)	(4)	(5)
	5%	25%	50%	75%	90%
sci-finan	0.0019 (0.0154)	−0.0310*** (0.0145)	−0.0566*** (0.0136)	−0.0453** (0.0176)	−0.0214 (0.0304)
control	Yes	Yes	Yes	Yes	Yes
_cons	−0.0433 (0.0378)	−0.1276*** (0.0226)	−0.1462*** (0.0335)	−0.2020*** (0.0434)	−0.1791** (0.0748)
R^2	0.2962	0.3689	0.3626	0.3625	0.3148
N	300	300	300	300	300

综上所述，科技金融对不同分位数上的产业结构高级化和合理化的影响具有

差异化，但整体上能显著促进产业结构高级化和合理化，对于高分位数上的产业结构高级化的促进作用不显著，同样，对于低分位数和高分位数上的产业结构合理化的推动作用不明显。总体而言，科技金融能有效推动我国产业结构转型升级，进一步说明了基准回归结果的稳健性。

第三节 异质性分析

一、区域异质性

前文基准回归模型表明，科技金融能推动产业结构转型升级。然而，中国科技金融效率存在明显的区域性差异，东部地区科技金融效率远远高于中西部地区。产业结构转型升级与地区金融发展水平、基础设施和要素资源等密切相关，不同地区的科技金融对产业结构转型升级的影响也存在异质性。对此，根据我国地理区域划分标准，本章将对我国东部、中部和西部三个样本检验科技金融对产业结构转型升级的影响，结果见表5-8。根据表5-8中第(1)、第(3)和第(5)列可知，科技金融对东部、中部和西部地区产业结构高级化的影响系数为0.0227、0.0056和0.0254，对于东部和西部地区在5%水平上显著，对于中部地区不显著，说明科技金融能显著促进东部和西部地区产业结构高级化，相比之下，对西部地区的推动作用大于东部地区；由第(2)、第(4)和第(6)列可知，科技金融对东、中和西部地区产业结构合理化的影响系数分别为0.0043、−0.0085和−0.0575，仅后者在5%水平下显著，说明科技金融仅能缩小西部地区的产业结构偏离度，提高关联度和耦合质量，促进西部地区产业结构合理化，这种促进作用具有一定的地域收敛趋势。

表5-8 科技金融对产业结构转型升级的区域异质性分析

变量	东部地区		中部地区		西部地区	
	*ais*1 (1)	*theil* (2)	*ais*1 (3)	*theil* (4)	*ais*1 (5)	*theil* (6)
sci-finan	0.0227** (0.0129)	0.0043 (0.0068)	0.0056 (0.0213)	−0.0085 (0.0250)	0.0254** (0.0110)	−0.0575** (0.0200)
control	Yes	Yes	Yes	Yes	Yes	Yes

变量	东部地区		中部地区		西部地区	
	ais1 (1)	theil (2)	ais1 (3)	theil (4)	ais1 (5)	theil (6)
_cons	2.2277***	−0.0862***	2.0270***	0.5357***	2.4105***	2.4590***
	(0.0534)	(0.0280)	(0.0975)	(0.1146)	(0.0370)	(0.0672)
wald	669.55	284.41	51.84	40.59	41.29	34.40
N	110	110	80	80	110	110

由此可见，科技金融对产业结构转型升级的影响具有区域异质性，对于东部地区，科技金融显著提高产业结构的高级化，但对产业结构的合理化影响不显著。原因可能是：东部地区经济发展基础较好，金融发展水平较高，能够为新兴产业提供便捷的融资服务，加强产业结构服务化趋势，有利于产业结构高级化。但是，虽然东部地区在经济发展上较为领先，但在技术创新上容易遇到瓶颈（韩晶和酒二科，2018）。再加之，东部地区各省域或市经济发展水平差距较大，北京、上海、天津、广东等地区在技术创新、金融发展等方面有明显的比较优势，东部地区区域内差异较大，不利于劳动力在地区间自由地流动，从而不能显著提高产业间的关联性和结构合理化。对于中部地区，科技金融对产业结构的高级化与合理化的影响均不显著。原因可能是：对于中部地区而言，中部地区前期引入低端制造业，制造业占比较高，使产业结构的变动容易产生路径依赖（徐春秀和汪振辰，2020），中部地区依然致力于低端制造业的发展，科技金融效率的提高对高端服务业的作用不大，科技金融对于中部地区的产业结构高级化和合理化的影响不显著。对于西部地区而言，科技金融对产业结构和高级化与合理化均具有显著影响。其原因可能是：虽然西部地区科技金融效率相比于东部地区稍低，但对产业结构高级化的促进作用较大。在新兴产业初创时期，需要开展技术创新升级和替代传统产业，对资金的需求较为迫切。此时，科技金融发挥了"雪中送炭"的作用，为新兴产业开展创新活动提供良好的环境，有利于促进产业结构高级化和合理化，推动产业结构转型升级。

二、强度异质性

由前文可知，科技金融对产业结构转型升级具有明显的区域异质性，对于西部地区的推动作用明显高于东部和中部地区。进一步地，对于不同维度的科技金融效率，科技金融对产业结构转型升级的影响也具有异质性。对于此，本文通过对科技金融效率进行排序，根据中位数将总样本划分为科技金融高效率组和科技金融低效率组，采用广义最小二乘（FGLS）分别进行回归，结果见表5-9。

根据表5-9可知，科技金融效率的强度对产业结构转型升级具有异质性。首先，根据第（1）、第（2）列科技金融高效率组的回归结果可知，科技金融效率的不断提升对产业结构高级化具有积极作用，影响系数为0.0854，并通过5%显著性水平，但对于产业结构合理化的影响不显著。其次，通过第（3）、第（4）列科技金融低效率组的回归结果可知，科技金融不仅能促进产业结构的高级化，也有助于推动产业结构的合理化。整体而言，科技金融能推动产业结构转型升级，但对于科技金融效率较高的地区产业结构合理化不显著。从而进一步说明随着中国科技金融效率的持续提升，科技金融不断提升有助于扩大知识密集型产业的发展规模，实现生产向中高端转型，有效促进产业结构的高级化。尽管科技金融高效率地区由于便利的交通因素有利于形成产业集聚，提高产业间的关联。但是因为科技金融高效率地区在进一步突破前沿技术时容易遭遇瓶颈，会阻碍资源要素的自由流动，不利于产业结构合理化。在两种作用下，较高的科技金融效率对产业结构合理化的影响不明显。此外，科技金融低效率组能显著降低产业间的偏离度，推动产业结构的合理化，这进一步说明科技金融效率具有"雪中送炭"的作用，而不具有"锦上添花"的作用。

表5-9　科技金融对产业结构转型升级的强度异质性分析

变量	科技金融高效率组		科技金融低效率组	
	*ais*1 (1)	*theil* (2)	*ais*1 (3)	*theil* (4)
sci-finan	0.0854** (0.0220)	−0.0418 (0.0255)	0.3039*** (0.0565)	−0.1273** (0.0564)
control	Yes	Yes	Yes	Yes
_cons	2.5887*** (0.0425)	−0.0354*** (0.0492)	2.3907*** (0.0414)	−0.1738*** (0.0413)
wald	114.53	67.73	139.13	305.41
N	150	150	150	150

本章小结

本章基于2009～2019年中国省级面板数据采用广义最小二乘和面板分位数回归模型研究科技金融对中国产业结构转型升级的基本影响，结果表明：

第一，科技金融能显著推动产业结构的高级化和合理化。紧接着，通过替换被解释变量进行稳健性检验，进一步验证基准回归结果的准确性。整体而言，科技金融能够促进产业结构转型升级。

第二，面板分位数回归模型表明，科技金融能显著促进低分位数上产业结构的高级化及合理化，对于高分位数上的促进作用不显著，说明要进一步促进高分位数上产业结构的高级化及合理化，必须进一步提高科技金融效率。整体而言，分位数回归与基准回归模型结论一致。

第三，区域异质性分析中，对于东部地区，科技金融能显著提高产业结构的高级化，但对产业结构的合理化影响不显著；对于中部地区，科技金融对产业结构的高级化与合理化的影响均不显著；而对于西部地区而言，科技金融对产业结构和高级化与合理化均具有显著影响。说明科技金融为西部地区产业结构的转型升级发挥了"雪中送炭"的作用。强度异质性分析表明，整体而言，科技金融能推动产业结构转型升级，但对于科技金融效率较高的地区产业结构合理化不显著；科技金融低效率组能显著降低产业间的偏离度，推动产业结构的合理化，这进一步说明科技金融效率具有"雪中送炭"的作用，而不具有"锦上添花"的作用。

第六章

科技金融对中国产业结构
转型升级的空间影响

本章基于前文的理论机制以及对科技金融效率和产业结构转型升级的测度结果，构建空间 Durbin 模型揭示科技金融对产业结构转型升级之间的空间影响，研究包括四个部分：①科技金融效率的空间特征。分别从空间分布特征、差异特征、集聚特征及分布动态演进进行分析。②产业结构转型升级的空间特征。③空间相关性检验。分别构建空间邻接权重、地理距离权重、经济地理距离权重和非对称空间网络权重，以检验产业结构高级化与合理化是否存在空间溢出，并采用非对称空间网络权重表征科技金融的空间溢出模式。④构建空间 Durbin 模型，以探究科技金融对产业结构转型升级带来的空间影响。⑤进行实证结果的分析和空间效应分解。

第一节　科技金融效率的空间特征

一、科技金融效率的分布特征

依据超效率 SBM 模型得到 2009 ~ 2019 年各省份科技金融效率的测算结果。从测算结果看，2009 ~ 2019 年各省份科技金融效率大体上呈现逐年增长态势，但也存在不同程度的波动。大致可分为以下三个方面：①河北、山西、内蒙古、辽宁、吉林、黑龙江、江苏、浙江、安徽、江西、山东、广西、四川、重庆、贵州、新疆呈现上升状态；②北京、天津、上海、湖北、湖南、福建、广东、云南、陕西呈现平稳的波动状态；③河南、海南、甘肃、青海、宁夏呈现大幅度的波动状态。科技金融效率处于上升趋势的省份表明科技与金融的融合有效带动了金融资源支持科技发展，促进科技成果的转化。其中，安徽、重庆、四川等省份被确定为首批"科技金融相结合"试点的地区，受到相关政策的引导，科技金融效率也在不断提高。同时，科技金融效率平稳波动的省份中，北京、天津、上海、广东等地经济发展质量较高，为企业创造了良好的金融服务环境，提供更多的创新空间，激发创新活力。因此，科技金融的效率也相对稳定。此外，科技金融效率不断波动的省份中，大部分省份只是某些年份有较大波动，其他年份较为平稳。如河南省在 2015 年和 2016 年科技金融效率有幅度的提升，随后呈现平稳的变动。

从分区域来看，四大地区的科技金融效率存在明显的区域差异。东部地区科技金融效率平均值为 0.7031；中部地区科技金融效率平均值为 0.4014；西部地区科技金融效率平均值为 0.4547；东北地区科技金融效率平均值为 0.7324。如图 6-1 所示，从整体特征来看，东北地区科技金融效率平均水平最高，且 2010 年及 2016 年呈现快速增长。是因为东北地区全方位振兴战略的部署为其科技金融的发展注入了新的力量，东北地区依托产业基础和资源优势，通过推动民营经济的发展，实现东北地区高质量发展，相应地，科技金融效率也较高。截至 2020 年末，相关管理机构（科技部、中国人民银行、银监会、证监会和保监会）分别于 2011 年和 2016 年开展科技与金融结合试点工作，东北地区受政策影响，科技金融效率呈现直线上升趋势。东部地区科技金融效率整体上高于全国平均水平，且发展趋势较为稳定，这与东部地区发展基础较好、金融发展水平较高等因素密切相关，再加上充足的科技人才储备，使得东部地区拥有稳定且较高的科技金融效率。中部地区和西部地区的科技金融效率略滞后于全国平均水平，主要原因为：中部地区前期发展主要依赖于引入低端制造业，制造业占比较高。科技与金融的结合可能使资本和技术流入传统制造业，并没有带来丰硕的创新成果。西部地区经济基础较差、创新能力较弱，再加上自身要素资源的限制，科技金融效率还有较大的提升空间，但西部区科技金融效率平均水平略优于中部地区，这得益于西部大开发战略的实施，大量资金支持与新兴产业的配合度增加，带动了科技金融效率的提升，尤其是在 2012 ~ 2015 年科技金融效率平均水平迅速上升，这与 2011 年重庆、绵阳等地区被列为科技与金融结合试点相关联。

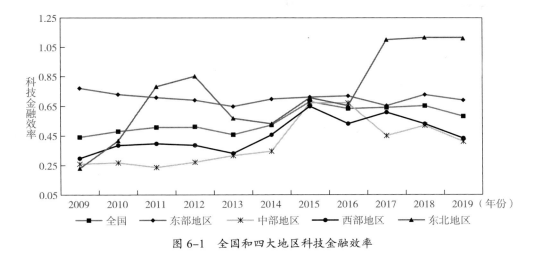

图 6-1　全国和四大地区科技金融效率

二、科技金融效率的空间差异特征

（一）地区差距的测度及分解方法

基尼系数是用于定量分析收入差距的最早方法，目前被广泛应用于区域差异分析。因此，本章采用基尼系数法研究中国科技金融效率的区域差异及其来源。根据 Dagum（1997）提出的基尼系数分解方法，基尼系数 G 的定义如式（6-1）所示：

$$G = \frac{\sum\limits_{i=1}^{k}\sum\limits_{m=1}^{k}\sum\limits_{j=1}^{n_i}\sum\limits_{r=1}^{n_m}|y_{ij}-y_{mr}|}{2n^2\overline{y}} \qquad （6-1）$$

其中，y_{ij} 表示第 i 个区域第 j 个省份的科技金融效率；n 为省份个数；k 为区域个数；n_j 为第 j 个区或中省份个数 y_{mr} 表示第 r 个区域第 r 个省份的科技金融效率；$\overline{y}$ 为各省份科技金融效率的均值。在对总体基尼系数分解时，首先根据式（6-2）对各省份科技金融效率的均值进行排序，其次将总体基尼系数 G 分解为区域内差异 G_w、区域间净值差距 G_{nb} 和超变密度 G_t 三部分，三者满足：$G=G_w+G_{nb}+G_t$。其中，区域 i 的基尼系数 G_{ii} 和区域内差异 G_w 的计算见式（6-3）和式（6-4）；区域 i 与 m 之间的基尼系数 G_{im} 和区域间净值差异 G_{nb} 的计算见式（6-5）和式（6-6）；区域间超变密度 G_t 的计算见式（6-7）。

$$\overline{Y}_1 \leqslant \overline{Y}_2 \leqslant \cdots \leqslant \overline{Y}_m \leqslant \cdots \overline{Y}_i \leqslant \cdots \overline{Y}_k \qquad （6-2）$$

$$G_{ii} = \frac{\sum\limits_{j=1}^{n_i} \sum\limits_{r=1}^{n_i} |y_{ij} - y_{ir}|}{2n_i^2 \overline{y}_i} \qquad (6\text{-}3)$$

$$G_w = \sum\limits_{i=1}^{k} G_{ii} p_i s_i \qquad (6\text{-}4)$$

$$G_{im} = \frac{\sum\limits_{j=1}^{n_i} \sum\limits_{r=1}^{n_m} |y_{ij} - y_{mr}|}{n_i n_m (\overline{Y}_i + \overline{Y}_m)} \qquad (6\text{-}5)$$

$$G_{nb} = \sum\limits_{i=2}^{k} \sum\limits_{m=1}^{i-1} G_{im} (p_i s_m + p_m s_i) D_{im} \qquad (6\text{-}6)$$

$$G_t = \sum\limits_{i=2}^{k} \sum\limits_{m=1}^{i-1} G_{im} (p_i s_m + p_m s_i)(1 - D_{im}) \qquad (6\text{-}7)$$

在式（6-4）中 $p_i = \dfrac{n_i}{n}$；$s_i = \dfrac{n_i \overline{y}_i}{n \overline{y}}$；在式（6-6）中，$D_{im}$ 为区域 i 与区域 m 之间科技金融效率的相对影响，见式（6-8）；d_{im} 为区域间科技金融发展效率的差值，见式（6-9），表示区域 i 和区域 m 中所有 y_{mr} 与 y_{ij} 之间插值大于 0 的样本值加总的数学期望；p_{im} 为超变一阶矩，见式（6-10），表示区域 i 和区域 m 中所有 y_{ij} 与 y_{mr} 之间插值大于 0 的样本值加总的数学期望；F_i（F_m）是 i（m）地区的积累密度分布函数。

$$D_{im} = \frac{d_{im} - p_{im}}{d_{im} + p_{im}} \qquad (6\text{-}8)$$

$$d_{im} = \int_0^{\infty} dF_i(y) \int_0^{y} (y - x) dF_m(y) \qquad (6\text{-}9)$$

$$p_{im} = \int_0^{\infty} dF_m(y) \int_0^{y} (y - x) dF_i(y) \qquad (6\text{-}10)$$

（二）科技金融效率的空间差异分析

为了解构中国科技金融效率的空间差异特征，将 30 个省划分为东部、中部、西部和东北四大区域。根据 Dagum 基尼系数分解方法，将中国科技金融效率的空间差异分解为区域内差异、区域间差异和超变密度，并据此测算出贡献率，测算结果见表 6-1。

表 6-1　科技金融效率总体差异来源及贡献

年份	总体差异	区域内		区域间		超变密度	
		来源	贡献率（%）	来源	贡献率（%）	来源	贡献率（%）
2009	0.480	0.121	25.314	0.262	54.687	0.096	19.999
2010	0.474	0.122	25.666	0.200	42.126	0.153	32.208
2011	0.432	0.107	24.857	0.214	49.575	0.110	25.568
2012	0.418	0.103	24.694	0.210	50.340	0.104	24.967
2013	0.433	0.116	26.693	0.171	39.476	0.147	33.831
2014	0.403	0.113	28.021	0.140	34.666	0.150	37.313
2015	0.334	0.100	29.794	0.022	6.457	0.213	63.749
2016	0.386	0.112	29.085	0.068	17.697	0.205	53.218
2017	0.343	0.093	27.149	0.120	34.877	0.130	37.974
2018	0.331	0.088	26.544	0.131	39.423	0.113	34.033
2019	0.358	0.086	23.945	0.180	50.299	0.092	25.755
均值	0.399	0.106	26.524	0.156	38.148	0.138	35.329

　　中国科技金融效率总体基尼系数的演变趋势如图 6-2 所示，2009 ～ 2019 年中国科技金融效率的总体空间差异出现反复的上升与下降，整体上呈下降趋势。样本考察期内，中国科技金融效率基尼系数年均下降 2.90%。具体而言，2009 ～ 2012 年科技金融效率的空间差异出现下降趋势，总体基尼系数由 2009 年的 0.480 下降到 2012 年的 0.418，年均下降率为 4.53%。原因在于 2008 年国际金融危机后，国家提出"构建逆周期的金融宏观审慎管理制度框架"，监管当局加强对金融创新的监管，以期达到维护金融稳定，防范系统系金融风险（周小川，2011）。因此，金融危机后的金融发展更为稳定，科技金融效率的空间差距也逐步缩小。2012~2013 年科技金融效率空间差异出现小幅度上升，基尼系数在 0.43 附近波动。其原因在于 2011 年国家首次开展科技与金融结合试点，设立近 40 亿元的科技金融专项资金，促使科技金融效率提升。但是，东部地区基于雄厚的经济基础，促使科技金融效率率先提升，特别是在政策实施后的两年较为明显，导致地区差距的进一步扩大。也说明科技金融政策的普适性有待提高。2013 ～ 2015 年科技金融效率空间差异迅速缩小，基尼系数由 2013 年的 0.433 下降到 2015 年的 0.334，年均下降率为 12.2%。原因在于党的十八大以来，中国经济进入高质量发展阶段，经济高质量发展要求转变经济发展方式，通过改进生

产效率，实现生产向中高端转型。在转型过程中，资本流向拥有新技术的行业，并催生出具有核心技术的新兴产业，促进科技成果转化。2015～2016年科技金效率空间差异呈上升态势，基尼系数由2015年的0.334上升到2016年的0.386，年均上升率为15.43%。2016～2018科技金融效率空间差异逐步缩小，基尼系数由2016年的0.386下降到2018年的0.331，年均下降率为7.33%。原因在于党的十九大以来，实施区域协调发展新机制，强化举措推进西部大开发、加快东北等老工业基地振兴，推动中部地区崛起，实现东部地区优化发展，使得科技金融效率较低的地区得以快速发展，进而缩小了空间差异。另外，相关管理机构于2016年开展第二批促进科技与金融相结合的试点工作，此次试点城市大多属于西部和东北地区，进而西部和东北地区科技金融效率提升较快，有利于缩小科技金融效率的空间差异。2018～2019年科技金融效率空间差异小幅度扩大，基尼系数由2018年的0.331上升到2019年的0.358，上升率为7.95%。

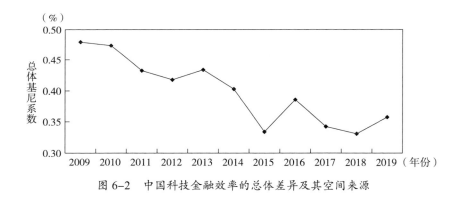

图6-2　中国科技金融效率的总体差异及其空间来源

从地区差距的空间来源上来看（见表6-1），区域内差距、区域间差距和超变密度成为科技金融效率地区差距的空间来源，其中，区域内差距衡量了四大区域内部省份间科技金融效率的地区差距；区域间差距衡量了科技金融效率平均水平高的区域与科技金融效率平均水平低的区域之间的地区间纯差距；超变密度衡量了不同区域之间离群值的跨群交叉重叠对总体差距的贡献率（刘华军等，2020）。在这三种区域差异来源中，区域间差距是中国科技金融效率地区差距的主要来源。从贡献率上来看，2009～2019年，区域间差距对总体差距的平均贡献率达到了38.15%；超变密度平均贡献率为35.33%；区域内差距的平均贡献率为26.52%。因此提升中部和西部地区的科技金融效率，缩小区域间差异，是解决当前科技金融效率发展空间不平衡问题的关键。从各差异贡献率变化上来看（见图6-3），区域间差距与超变密度的贡献率波动较大，且曲线走势呈对称分布，各区域内差距的贡献率变化较为稳定。具体而言，2009 年区域间差异贡献率为 54.68%，随后小幅度下降至 2010 年的 42.13%，并小幅度上升为 2012 年的 50.34%，之后大幅度下降至 2015 年的 6.46%，2016 年开始出现大幅度回升。区域间差异曲线呈现出"微弱下降—小幅度上升—大幅度下降—大幅度回升"的变化过程。超变密度在考察期内其曲线也呈现出不规则的变化，2009 年其贡献率为 19.20%，2010 年小幅度上升为 32.21%，随后缓慢下降为 2012 年的 24.97%，之后大幅度上升为 2015 年的 63.75%，2019 年大幅度回落为 25.76%，其曲线走势与区域间差距相对称，呈现出"微弱上升—小幅度下降—大幅度上升—大幅度回落"的变化过程。而区域内差距的贡献率先微弱下降后趋缓上升再微弱回落的过程，变化幅度极小，浮动范围为 23.95% ~ 29.79%。从三者贡献率的变化过程可以发现：当前区域间差距对总体差距的贡献率最大，远高于区域内差距和超变密度，区域内差距和超变密度贡献率呈现出下降趋势，说明缩小区域间差异是避免科技金融效率地区差距持续扩大的关键。

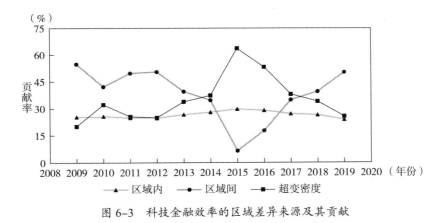

图 6-3　科技金融效率的区域差异来源及其贡献

从图 6-4 区域内基尼系数的演变趋势来看，西部地区科技金融效率的差异最大，在样本考察期内始终高于东部、中部和东北地区。可能的原因是，四川、重庆等地区金融发展水平较高、科技创新成果较突出，而新疆、西藏等地区经济基础薄弱，技术创新水平较落后，西部地区不同省份内部科技金融效率出现了一定的断层，相对差异较大。从演变趋势来看，纵使西部地区基尼系数远远高于其他地区，但总体呈下降趋势，基尼系数由 2009 年的 0.521 下降到 2019 年的 0.418，年均下降率为 2.19%，这意味着西部地区内部科技金融效率的空间差异不断缩小，但当前呈现出微弱上扬态势。相比中、西、东北地区，东部地区的基尼系数变动较小，说明东部地区区域内差异较为稳定。从演变趋势来看，东部地区与西部地区分布动态趋势基本一致，呈现反复的微弱下降与微弱上扬。中部地区内部科技金融效率空间差异较小，并呈现出下降趋势。中部地区的基尼系数由 2009 年的 0.229 下降到 2019 年的 0.103，年均下降率为 7.66%，这意味着中部地区科技金融效率的空间差异不断缩小。东北地区基尼系数变动幅度较大，呈现出"大幅上升—大幅下降—微弱上升—曲折下降—趋于稳定"的趋势。在 2019 年，相比于东、中、西部地区，东北地区的基尼系数为 0.139，低于同期的其他地区。但在 2010 年基尼系数大幅度上升至 0.493，高于中部和东部地区。随后基尼系数大幅度下降至 0.246，与中部地区较为接近。2011～2014 年基尼系数微弱上扬，基尼系数由 2011 年的 0.246 上升到 2014 年的 0.337，年均上升率为 11.10%，此阶段与总体基尼系数的演变趋势较为一致。这意味着东北地区内部科技金融效率相对差异较大，其原因可能是，随着东北振兴战略的部署，科技金融发展速度较快，但发展不平衡、不充足的问题依然突出。2015~2017 年基尼系数曲折下降，由 2015 年的 0.193 下降到 2017 年的 0.031，年均下降率为 60.16%，这意味着东北地区科技金融效率的空间差异不断缩小。从 2017~2019 年来看，东北地区基尼系数在 0.030 附近波动，科技金融效率的内部差异较小，并且变动较为稳定。说明近期东北地区内部科技金融发展较为均衡。

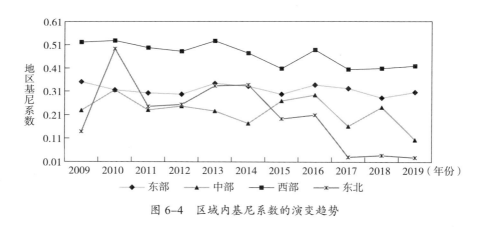

图 6-4　区域内基尼系数的演变趋势

从图 6-5 区域间基尼系数的演变趋势看，整体而言，各区域间总体差异呈现下降趋势，尽管在 2013 年之前出现大幅度的波动，但不影响整体的变化趋势。从基尼系数值的大小来看，区域间差异从大到小依次是东部与西部地区、西部与东北地区、西部与中部地区、东部与中部地区、中部与东北地区、东部与东北地区，基尼系数均值依次为 0.444、0.429、0.413、0.405、0.397、0.348，其中东部与西部地区的差异最大。主要原因是东部与西部地区存在诸多方面的差异，东部地区不仅具有良好的区位优势，而且在经济发展中金融发展、人口集聚、科技水平等有利条件为东部地区科技金融效率的提升奠定了基础。而西部地区受自然因素的制约，金融发展和技术创新较为滞后。因此，在短时间内东、西部地区的科技金融效率鸿沟仍然存在。从演变趋势来看，区域间基尼系数呈反复下降和上升的演变趋势。以区域差异较大的东部和西部地区为例，区域间差异大体呈现"缓慢下降—微弱上扬—大幅下降—微弱上扬—相对趋缓"的变化趋势，2009~2012年缓慢下降，基尼系数由2009年的0.558下降到2012年的0.450，年均降幅为6.96%。2012~2013年微弱上扬，2013~2015年大幅下降，基尼系数由2013年的0.509下降到2015年的0.363，年均降幅为15.56%。2015~2016年微弱上扬，2016~2019年相对趋缓。因此，东部和中部、东部和西部、西部和中部、东部和东北地区各区域间差异整体上是逐步缩小的，科技金融的发展呈趋同特征。

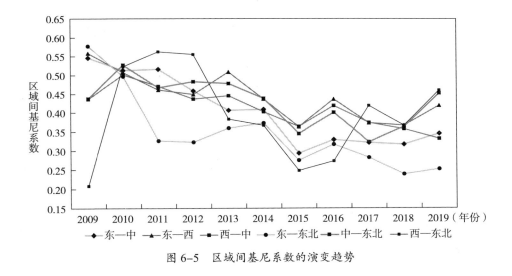

图 6-5　区域间基尼系数的演变趋势

三、科技金融效率的分布动态特征

（一）核密度估计方法（Kernel Density Estimation）

为了考察中国科技金融效率的空间分布特征及变化趋势，本章采用核密度估计。从核密度估计结果呈现的图像中可以观测到科技金融的分布位置、延展性、形态和极化现象。分布位置反映了科技金融效率的高低；延展性用来刻画科技金融效率最高或最低的省份与其他省份差异的大小，拖尾越长，差异越大；分布形态是通过波峰的高度和宽度判断区域差异的大小；极化特征是通过波峰的数量刻画多极化的程度（Quah，1993）。

核密度估计是一种非参数检验方法，它没有确定的函数表达式，从样本本身出发研究数据分布特征。其核心是采用平滑的峰值函数来拟合样本数据，使用连续的密度函数描述随机变量的分布形态。该方法假设随机变量 x 的密度函数为 $f(x)$，随机变量 $X=(x_1, x_2, \cdots, x_n)$ 独立同分布，核密度函数的估计如式（6-11）所示。核密度函数的表达形式分为高斯核函数、三角核函数、四次核函数等类型，本书采用常见的高斯核函数进行估计，其定义见式（6-12）。

$$f(x) = \frac{1}{nh} \sum_{i=1}^{N} K(\frac{X_i - \bar{X}}{h}) \qquad (6-11)$$

$$K(x) = \frac{1}{\sqrt{2\pi}} \exp(-\frac{x^2}{2}) \qquad (6-12)$$

其中，n 表示区域内省份的个数；h 表示带宽；$K(\cdot)$ 表示核函数，它是一种加权函数或平滑转换函数，通常需要满足以下条件：

$$\begin{cases} \lim_{x \to \infty} K(x) \times x = 0 \\ K(x) \geqslant 0, \sum_{-\infty}^{+\infty} K(x)dx = 1 \\ \sup K(x) < +\infty, \sum_{-\infty}^{+\infty} K^2(x)dx < +\infty \end{cases} \qquad (6-13)$$

（二）科技金融效率的 Kernel 核密度分析

根据式（6-11）的计算方法，选取高斯函数方法进行核密度估计，分别测算了全国、东部、中部、西部和东北地区科技金融效率的核密度，并进行三维透视分析。如图 6-6 所示，就全国而言表现出四方面的特征：①从科技金融效率核密度的分布位置来看，核密度函数的中心大体呈现出逐渐向右移动的趋势，但也存在不同程度的波动，这意味着中国科技金融效率呈现出曲折提升的趋势，科技金融水平不断提高。②从科技金融效率核密度的分布形态来看，中国科技金融效率的核密度函数的主峰值呈"U"形，表现出反复"下降—上升"的态势，同时伴随着主峰宽度的"减小—增加—减小"，表明其科技金融效率差异先逐年减小，再逐年扩大，随后又逐年减小。其中，2012 ~ 2013 年核密度核密度函数的波峰最为陡峭，这表明 2012 ~ 2013 年中国科技金融效率的差距呈扩大的态势，这与前文总体基尼系数的演变趋势一致。③从科技金融效率的延展性分析，2009 ~ 2019 年，核密度函数具有较为明显的拖尾现象，表明科技金融效率有明显的极化现象。④从波峰数量的演变趋势来看，核密度函数明显存在双峰现象，2009 ~ 2019 年科技金融效率在 1 附近形成一个侧峰，且侧峰的峰值在 2014 年达到最大，表明总体科技金融效率不稳定，处于不断波动状态。

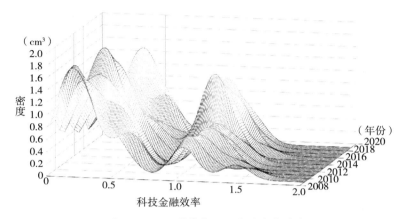

图 6-6　全国科技金融效率的分部动态

　　东部地区 Kernel 核密度函数的三维透视图如图 6-7 所示。由图 6-7 发现东部地区科技金融效率的分布动态呈现出三个方面的特征：①从东部地区科技金融效率的分布位置来看，2009 ~ 2019 年核密度函数主峰较为陡峭，向右移动较为频繁，意味着东部地区科技金融效率呈现逐年提升的演变趋势，科技金融发展水平不断提高。但核密度函数明显存在多峰现象，表明东部地区科技金融效率不稳定，两极分化趋势较明显。②从科技金融效率密度的分布形态来看，2009 ~ 2013 年主峰峰值呈现出逐渐上升的趋势，2013 年峰值达到样本考察期的最大值，意味着在 2009 ~ 2013 年东部地区科技金融效率的差距呈扩大的态势，这与前文东部地区基尼系数的演变趋势较为一致。③从科技金融核密度函数的延展性分析，核密度函数具有明显向右拖尾的态势。

　　中部地区 Kernel 核密度函数的三维透视图如图 6-8 所示。由图 6-8 发现中部地区科技金融效率的分布动态呈现出三个方面的特征：①从中部地区科技金融效率的分布位置来看，在 2009 ~ 2014 年中部地区科技金融效率分布在 0 ~ 0.5，科技金融效率处于较低的水平。但 2015 ~ 2019 年核密度函数的中心呈现逐渐向右移动的趋势，说明在 2015 年中部地区科技金融效率快速提升，2019 年峰值达到样本考察期的最大值。②与全国和东部地区相比，中部地区在 2009 ~ 2014 年只有一个主峰，没有明显的侧峰。这说明在这一时期中部地区科技金融效率不存在两极分化现象。在 2015 ~ 2017 年科技金融效率在 1 附近形成一个侧峰，且侧峰的峰值越来越高。说明在 2015 ～ 2017 年中部地区科技金融效率出现了两极分化的现象。2018 ～ 2019 年中部地区核密度函数只有一个主峰，意味着近年来中部地区科技金融发展较为平稳，这与前文中部地区基尼系数的演变趋势较为一致。③从科技金融核密度函数的延展性分析，核密度函数不存在明显向右拖尾的态势，表明中部地区科技金融效率各年比较集中。

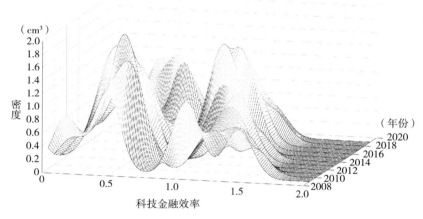

图 6-7 东部地区科技金融效率的分部动态

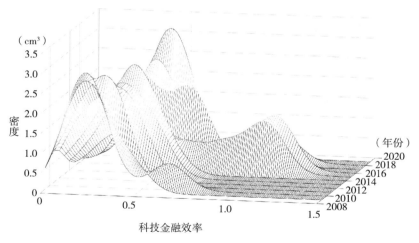

图 6-8 中部地区科技金融效率的分布动态

西部地区 Kernel 核密度函数的三维透视图如图 6-9 所示。由图 6-9 发现西部地区科技金融效率的分布动态呈现出三个方面的特征：①从西部地区核密度的分布位置来看，核密度函数的中心大体呈现出向右移动的趋势，意味着西部地区科技金融效率在不断提升，主要原因是得益于西部大开发战略的实施，大量资金支持与新兴产业的配合度增加，带动了科技金融水平的提高。②从科技金融效率核密度的分布形态来看，2009～2019年核密度函数的主峰峰值呈现逐渐上升的趋势，其中，2012年核密度函数的峰值达到样本观察期的最大值，这表明在2009～2019年西部地区科技金融效率存在较大差距，且在2012年差距达到最大，这与前文西部地区基尼系数的演变趋势较为一致。③从波峰数量的演变趋势来看，2009～2019年核密度函数具有明显的双峰现象，侧峰的变化越来越陡峭，核密度函数也存在明显向右拖尾的态势，表明西部地区科技金融效率一直存在严重的两极分化现象。

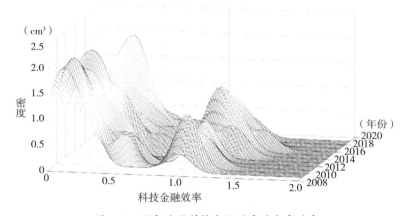

图6-9　西部地区科技金融效率的分布动态

东北地区Kernel核密度函数的三维透视图如图6-10所示。由图6-10发现东北地区科技金融效率的分布动态呈现出三个方面的特征：①从东北地区科技金融效率的分布位置来看，2009~2019年核密度函数主峰较为陡峭，向右移动频繁，意味着东北地区科技金融效率呈现上升趋势，但波动性较大。②从科技金融效率密度的分布形态来看，在样本考察期内，主峰峰值逐渐右移，2010年峰值最大，意味着在2010年东北地区科技金融效率的差距最大。2007~2019年侧峰峰值逐渐右移，说明东北地区科技金融效率在2007~2019年得到快速提升。③从波峰数量的演变趋势来看，2009~2019年核密度函数具有明显的多峰现象，核密度函数也存在明显向右拖尾的态势，表明东北地区科技金融效率存在严重的两极分化现象。

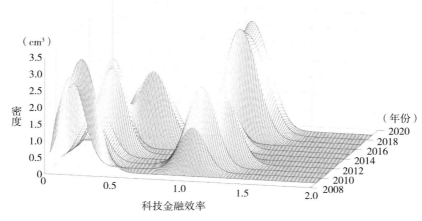

图 6-10　东北地区科技金融效率的分布动态

第二节　空间相关性检验

一、空间权重设置

空间权重是进行空间相关性检验和空间分析的矩阵变量，通常包括空间邻接权重、地理距离权重、经济地理距离权重和空间网络权重。空间权重反映了科技金融与产业结构转型升级之间的空间溢出模式，本书采用空间邻接权重、地理距离权重、经济地理距离权重和空间网络权重矩阵对产业结构转型升级的溢出模式进行刻画，采用空间网络矩阵反映科技金融空间关联网络。

（1）第Ⅰ类权重为空间邻接权重。根据地理学第一定律，任何事物与地理位置相近的事物关联紧密。因此，本书定义，如果两个省份在地理位置上相邻，那么为 1 ；如果两个省份不相邻，那么为 0，据此构建中国 30 个省份的空间邻接矩阵。具体计算公式如式（6-14）所示：

$$W_1 = \begin{cases} 0, & \text{当} i=j \text{时} \\ 1, & i \neq j \text{时} \end{cases} \quad (6\text{-}14)$$

（2）第Ⅱ类为地理距离权重。经济变量之间的关联关系会随着地理距离的加大而逐渐减弱，本书定义地理距离矩阵为地理距离平方的倒数，两个省份之间的地理距离采用各省会城市之间的球面距离代替，省会城市之间的地理距离数据采用 ArcGIS 测算得到。具体计算公式如式（6-15）所示：

$$W_2 = \begin{cases} 0, & \text{当}i=j\text{时} \\ \dfrac{1}{d^2}, & \text{当}i \neq j\text{时} \end{cases} \tag{6-15}$$

（3）第Ⅲ类为经济地理距离权重。由于经济体之间的空间关联性不仅受地理距离的影响，还与当地的经济发展水平密切相关。本章构建经济地理距离权重，w_1 表示空间邻接权重，Y_i 表示第 i 个省份经济发展水平，Y_j 表示第 j 个省份经济发展水平。具体计算公式如（6-16）所示：

$$w_3 = \frac{w_1}{|Y_i - Y_j|} \tag{6-16}$$

（4）第Ⅳ类矩阵为空间网络矩阵。本章构建科技金融的空间网络权重，以全国 30 个省份（除西藏地区）作为科技金融空间关联网络的节点，将科技金融的空间关联度用网线连接，这些点和线构成科技金融的空间关联网络（刘传明和马青山，2020），采用引力模型更好地刻画科技金融的空间关联特征，修正的引力模型如式（6-17）所示：

$$w_4 = k_{i,j} \times \frac{\sqrt{sci_i \times finan_i}\sqrt{sci_j \times finan_j}}{D^2} \tag{6-17}$$

$$k_{ij} = \frac{innov_i}{innov_i + innov_j} \tag{6-18}$$

其中，w_4 为 i 省和 j 省的科技金融关联网络权重；sci_i 为 i 省的科技金融效率；$finan_i$ 为 i 省的金融发展水平；D^2 为城市 i、j 间的实际交通里程，本章采用最短公路里程表征；k_{ij} 表示调节系数，将创新水平作为科技金融效率的调节系数。依据式（6-19）计算我国科技金融效率的网络矩阵，将引力矩阵各行的平均值作为临界值，引力大于临界值的标识为 1，表示城市 i 与城市 j 的科技金融发展具有空间关联；反之，则取 0，表示城市 i 与城市 j 的科技金融发展无空间关系。由此构建出我国科技金融效率的空间关联网络，即科技金融的空间网络权重：

$$W=\begin{cases} 1, & \text{如果引力}R\text{大于均值} \\ 0, & \text{如果引力}R\text{大于均值} \end{cases} \qquad (6-19)$$

本章考虑到各地区科技金融效率之间的空间关联特征，采用修正的引力模型，识别了中国各地区科技金融的空间关联关系，并且利用 UCINET 工具绘制科技金融效率空间关联网络图（见图 6-11），从图中可以看出，中国各省份之间科技金融效率无孤立点，空间关联呈现出复杂的、稠密的、多线条的网状结构。基于此，本章认为，各地区科技金融在空间上普遍联系，将科技金融效率空间关联网络作为空间权重，分析科技金融对产业结构转型升级的空间影响。

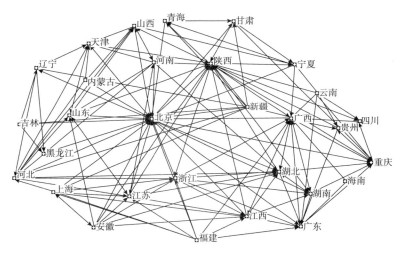

图 6-11　科技金融效率空间关联网络图

二、空间相关性检验

空间相关性是事物间相联系的一种反映，即是某地区的观测值将与其他地区的观测值具有的函数关系。一般而言，空间相关性进行检验是构建空间计量模型的前提，如果存在显著的空间相关关系，那么表示应当使用空间效应模型，否则，不能使用。本书通过测度 2009～2019 年产业结构高级化与合理化的 Moran's I 指数，刻画 30 个省份产业结构的空间相关性特征。Moran's I 指数分为全局 Moran's I 指数和局部 Moran's I 指数。全局 Moran's I 指数测度全局空间相关性，揭示空间是否出现聚集；局部 Moran's I 指数测度局部空间相关性，一般通过绘制散点图来直观描述科技金融效率的空间集聚模式。全局 Moran's I 指数的测度见式（6-20），局部 Moran's I 指数的测度见式（6-21）。

$$I = \frac{n\sum_{i=1}^{n}\sum_{j=1}^{n}w_{ij}(x_i-\overline{x})(x_j-\overline{x})}{\sum_{i=1}^{n}\sum_{j=1}^{n}w_{ij}\sum_{i=1}^{n}(x_i-\overline{x})} = \frac{\sum_{i=1}^{n}\sum_{j=1}^{n}w_{ij}(x_i-\overline{x})(x_j-\overline{x})}{S^2\sum_{i=1}^{n}\sum_{j=1}^{n}w_{ij}} \quad (6-20)$$

$$I_i = \frac{x_i-\overline{x}}{S^2}\sum_{j=1}^{n}w_{ij}(x_j-\overline{x}) \quad (6-21)$$

在式（6-20）中，$S^2 = \frac{1}{n}\sum_{i=1}^{n}(x_i-\overline{x})^2$，$n$ 为省份个数，w_{ij} 为空间权重矩阵，x_i 为第 i 个省份的产业结构高级化或合理化，$\overline{x} = \frac{1}{n}\sum_{i=1}^{n}x_i$ 为研究范围内各省份产业结构水平的平均值，$\sum_{i=1}^{n}\sum_{j=1}^{n}w_{ij}$ 为空间权重之和。在式（6-21）中各字母的含义与式（6-20）相同。

Moran's I 指数的取值范围为 [-1,1]，当 Moran's I 指数大于 0 时表示存在空间正相关特征；小于 0 时表示存在空间负相关特征；Moran's I 越接近 0 表示经济变量之间空间独立分布，Moran's I 指数绝对值表征空间相关性的大小，绝对值越大说明空间依赖性越强，反之越小。

本章在进行空间回归之前，基于上述空间邻接权重、地理距离权重、经济地理距离权重和非对称空间网络权重，根据式（6-20）计算 2009～2019 年产业结构高级化和合理化的 Moran's I 指数，产业结构高级化的空间相关性检验结果见表 6-2 和表 6-3。由中国 30 个省份产业结构高级化的 Moran's I 指数和显著性检验结果，我们发现无论是空间邻接权重、空间地理权重、经济地理权重还是空间网络权重，产业结构高级化的 Moran's I 指数均为正值，z 值均大于 1.96，且通过 1% 显著性水平检验，这意味着产业结构高级化存在着显著的空间相关特征。Moran's I 指数的大小反映了产业结构高级化空间相关性程度，在近十年四个权重情景下 Moran's I 指数变化幅度不大，说明中国产业结构高级化水平相似的省份集中分布，呈现出空间集聚特征。

表 6-2　产业结构高级化的空间自相关检验（空间邻接和空间地理权重）

年份	空间邻接权重			空间地理权重		
	I	z	p	I	z	p
2010	0.205	2.238	0.013	0.207	3.216	0.001
2011	0.184	2.06	0.020	0.162	2.632	0.004
2012	0.188	2.114	0.017	0.161	2.645	0.004

续表

年份	空间邻接权重			空间地理权重		
	I	z	p	I	z	p
2013	0.209	2.379	0.009	0.173	2.888	0.002
2014	0.213	2.428	0.008	0.178	2.965	0.002
2015	0.209	2.422	0.008	0.176	2.982	0.001
2016	0.224	2.546	0.005	0.175	2.933	0.002
2017	0.240	2.737	0.003	0.169	2.882	0.002
2018	0.228	2.691	0.004	0.142	2.566	0.005
2019	0.247	2.839	0.002	0.148	2.617	0.004

表 6-3　产业结构高级化的空间自相关检验（经济地理和空间网络权重）

年份	经济地理权重			空间网络权重		
	I	z	p	I	z	p
2010	0.375	3.036	0.001	0.242	3.6	0.000
2011	0.350	2.876	0.002	0.228	3.435	0.000
2012	0.339	2.816	0.002	0.209	3.215	0.001
2013	0.327	2.811	0.002	0.172	2.791	0.003
2014	0.320	2.755	0.003	0.169	2.755	0.003
2015	0.303	2.664	0.004	0.161	2.681	0.004
2016	0.313	2.716	0.003	0.177	2.867	0.002
2017	0.324	2.838	0.002	0.185	3.009	0.001
2018	0.293	2.661	0.004	0.126	2.241	0.013
2019	0.312	2.773	0.003	0.141	2.42	0.008

此外，本书绘制了在空间邻接权重和空间地理权重下 2019 年产业结构高级化的 Moran 散点图（见图 6-12 和图 6-13）。Moran 散点图的四个象限分别表示高—高集聚、低—高集聚、低—低集聚、高—低集聚，其中高—高集聚和低—低集聚意味着空间相关系数为正值，低—高集聚和高—低集聚意味着空间相关系数为负值。根据图 6-12 和图 6-13 可以看出，空间邻接权重和空间地理权重下大多数省份位于第一和第三象限，呈现出高—高集聚和低—低集聚，进一步表明产业结构高级化在空间上存在高度的集聚特征。位于 HH 位置的省份有北京、上海、江苏、天津、浙江等，这些省份位于我国的东部地区，经济基础较好，基础设施较为便利，有利于技术创新"学习效应"的发挥，产业结构水平普遍较高。位于

LL 位置的省份有西江、青海、内蒙古等，这些省份位于中国西部地区，经济发展水平较低，产业结构仍以第二产业为主，服务业发展滞后，产业附加值低，相应地，产业结构高级化水平较低。

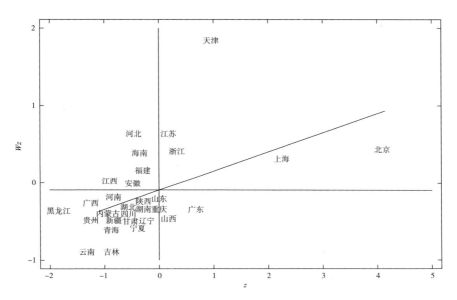

图 6-12　空间邻接权重下产业结构高级化莫兰指数图

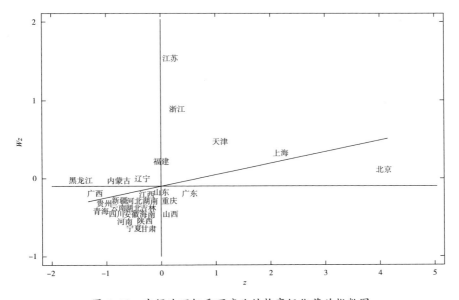

图 6-13　空间地理权重下产业结构高级化莫兰指数图

表 6-4 和表 6-5 报告了中国 30 个省份产业结构合理化的 Moran's I 指数和显著性检验结果。我们发现无论是空间邻接权重、空间地理权重、经济地理权重还是空间网络权重，产业结构合理化的 Moran's I 指数均为正值，z 值均大于 1.96，且通过 1% 显著性水平检验，这意味着产业结构合理化同样存在着显著的空间相关特征。从 Moran's I 指数的大小来看，大体呈现出逐步上升的趋势，说明我国产业结构合理化水平相似的地区越集中，关联性进一步加强，呈现出空间集聚特征。

表 6-4 产业结构合理化的空间自相关检验（空间邻接和空间地理权重）

年份	空间邻接权重			空间地理权重		
	I	z	p	I	z	p
2010	0.529	4.589	0.000	0.275	4.205	0.000
2011	0.552	4.752	0.000	0.278	4.234	0.000
2012	0.511	4.511	0.000	0.190	4.437	0.004
2013	0.461	4.116	0.000	0.209	4.011	0.002
2014	0.499	4.419	0.000	0.222	4.256	0.001
2015	0.577	4.917	0.000	0.272	4.694	0.000
2016	0.565	4.816	0.000	0.268	4.607	0.000
2017	0.545	4.657	0.000	0.267	4.251	0.000
2018	0.510	4.432	0.000	0.239	4.381	0.001
2019	0.464	4.137	0.000	0.182	4.449	0.005

表 6-5 产业结构合理化的空间自相关检验（经济地理和空间网络权重）

年份	经济地理权重			空间网络权重		
	I	z	p	I	z	p
2010	0.529	4.205	0.000	0.275	3.711	0.000
2011	0.552	4.234	0.000	0.278	3.589	0.000
2012	0.511	4.437	0.000	0.190	4.159	0.004
2013	0.461	4.011	0.000	0.209	4.267	0.002
2014	0.499	4.256	0.000	0.222	4.442	0.001
2015	0.577	4.694	0.000	0.272	4.3	0.000
2016	0.565	4.607	0.000	0.268	4.099	0.000
2017	0.545	4.251	0.000	0.267	4.058	0.000
2018	0.510	4.381	0.000	0.239	4.24	0.001
2019	0.464	4.449	0.000	0.182	3.884	0.005

为了刻画产业结构合理化的空间集聚模式，本章绘制了 2019 年中国产业结构合理化的 Moran 散点图（见图 6–14 和图 6–15）。根据图 6–14 和图 6–15 可以看出，空间邻接权重和空间地理权重下大多数省份位于第一和第三象限，呈现出高—高集聚和低—低集聚，进一步表明产业结构合理化在空间上存在高度的集聚特征。需要说明的是，由于产业结构合理化是负向指标，位于 HH 位置的省份意味着产业结构偏离度较大，产业间没出现高质量耦合，产业结构合理化水平较低；位于 LL 位置的省份意味着产业结构偏离度较小，产业间劳动力自由流动，资源配置效率较高，产业结构合理化水平也较大。通过图 6–14 和图 6–15 可以看出，位于 HH 位置的省份有新疆、内蒙古、甘肃等，这些省份位于我国的西部地区，经济基础薄弱，资源配置效率低。位于 LL 位置的省份有北京、天津、上海、广东和福建等，这些省份具有良好的经济基础，自主创新能力较强，产业间资源配置效率较高，相应地，产业结构合理化水平较高。

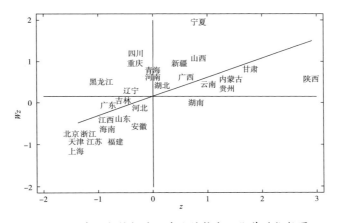

图 6–14　空间邻接权重下产业结构合理化莫兰指数图

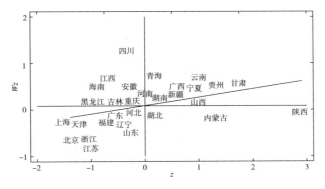

图 6–15　空间地理权重下产业结构合理化莫兰指数图

通过空间邻接权重下科技金融效率的 Moran's I 指数可知，在 2018 年及 2019 年相关系数为 0.081 和 0.172，并通过 5% 显著性水平检验，说明近期中国科技金融效率存在高—高、低—低的集聚特征，一个省份科技金融效率受到与之地理距离临近省份科技金融效率的影响，表现出"一荣俱荣，一损俱损"的空间格局。为揭示近期科技金融效率在空间上的集聚模式，本书绘制了 2019 年 30 个省份科技金融效率的 Moran 散点图（见图 6-16 和图 6-17）。根据图 6-16 和图 6-17 的 Moran 散点图发现，大多数城市都位于第一和第三象限，表现出明显的高—高、低—低集聚。进一步发现，北京、天津、辽宁、黑龙江、江苏、浙江等省份位于高—高集聚象限，这些省份属于东部及东北地区，经济基础较好、金融发展水平较高，科技金融效率也较高。云南、贵州、宁夏、新疆等省份位于低—低集聚象限，这些省份主要属于西部地区，受地理因素和经济基础的影响，科技金融效率偏低。

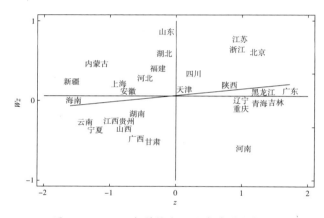

图 6-16　2018 年科技金融效率莫兰指数图

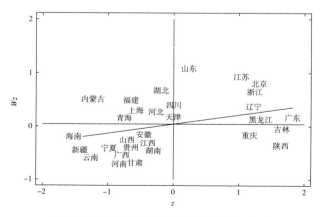

图 6-17　2019 年科技金融效率莫兰指数图

第三节　空间 Durbin 模型构建

一、模型构建

空间计量模型是经济学中常用的计量方法，常用于研究具有空间溢出效应的经济现象。在空间上离的较近的变量往往具有密切的关系，空间依赖性和空间异质性是空间效应的主要来源（Anselin，1988）。空间依赖性反映的是经济活动中生产要素的流动、技术扩散等空间溢出作用，经济主体之间的密切联系；空间异质性是指经济活动具有空间差异性，反映的是经济行为关系中的不稳定性现象。空间计量模型主要包括空间误差模型（SEM）、空间滞后模型（SLM）和空间 Duebin 模型（SDM）。一般而言，空间误差模型反映的是相邻地区的误差项变化对本地区误差项的影响带来的空间相关性；而空间滞后模型反映的是相邻地区的自变量对本地区自变量的影响带来的空间相关性。当对经济问题进行分析时，直接采用 OLS 模型估计将忽略空间因素对误差项的干扰，使估计结果有偏差或非一致性。再加之，相比于空间误差模型和空间滞后模型，空间 Durbin 模型将自变量、因变量和误差项均有可能对本地区产生空间相关性的因素同时纳入模型中，从而较为全面地衡量空间影响，能够兼顾空间误差模型和空间滞后模型估计的偏差，同时分析因变量对本地区的直接影响和因变量受相邻地区自变量和因变量对本地区的间接影响（Lesage et al.，2007）。空间 Durbin 模型分为固定效应和随机效应，对于固定效应和随机效应的选择根据 Huasman 检验进行筛选。具体而言：固定效应是经过组内离差变换后进行的回归，随机效应是经过广义利差变换后进行的回归。两种效应虽然估计过程不同，但均能得到较为可靠的回归结果。考虑到产业结构转型升级不仅受当地科技金融的直接影响，往往还受临近地区科技金融及产业结构转型升级等因素的间接影响，于是，为了考察邻近地区以及其他因素对产业结构转型升级带来的影响，本章在后续分析中以空间 Durbin 模型分析为主，具体的模型设定形式如下所示：

$$ais_{i,\,t} = \alpha + \rho\sum_{j=1}^{N}W_{i,\,j}ais_{j,\,t} + \beta\,sci\_finan_{i,\,t} + \beta_2\sum_{j=1}^{N}W_{i,\,j}\theta x_{i,\,t} + \delta x_{i,\,j} +$$

$$\eta\sum_{j=1}^{N}W_{i,\,j}x_{i,\,j,\,t} + \mu_i + \lambda_t + \varepsilon_{i,\,t}$$

其中，$ais_{i,t}$ 为被解释变量，表示 i 地区 t 时期产业结构转型升级水平；$W_{i,j}$ 为空间权重矩阵；$W_{i,j} ais_{j,t}$ 为产业结构转型升级的空间滞后项；ρ 为空间自相关系数；$x_{i,j}$ 为一系列的控制变量，包括金融相关率、政府规模、技术创新能力、人力资本水平和对外开放水平；$W_{i,j} x_{i,j,t}$ 为科技金融效率的空间滞后项；η 为核心解释变量对被解释变量的影响方向和程度；μ_i 为地区个体效应；λ_t 为时间效应；$\varepsilon_{i,t}$ 为随机误差项。

二、指标说明

（一）被解释变量

产业结构高级化和合理化。对于产业结构高级化，根据 Kuznets 事实，对第一、第二、第三产业依次赋予不同的权重构建所得，以反映产业结构由第一产业向第二、第三产业演进的过程；对于产业结构合理化，本书采用泰尔指数来衡量产业结构的偏离度，以反映产业间的协调能力和关联程度。

（二）核心解释变量

科技金融效率。上一章通过构建 SBM 模型测算所得，在整体上能够反映科技金融的发展状况。

（三）控制变量

对于金融相关率、政府规模和对外开放水平的衡量，与上一章研究科技金融对产业结构转型升级的基本影响时采用的变量一致。人力资本水平采用每万人中普通高等学校在校生衡量，由于产业结构转型升级的内在动力在于技术创新、要素禀赋等（苏杭，2017），其中，技术创新是产业结构转型升级的关键，而人力资本是开展技术创新的动力。高技能人才通过"干中学"和"知识外溢"加速产业部门的技术创新，从而推动产业结构向高级化和合理化方向发展。也就是人力资本的有效利用，通过与产业结构的适宜匹配诱发企业开展技术创新（Strulik，2013；Peretto，2015）。反过来印证人力资本与产业结构的错配会引起技能劳动力偏离创新活动，抑制劳动生产率的提高，制约技术创新及知识密集型产业的发展（Raustiala & Sprigman，2012；李静和楠玉，2019）。因此，人力资本对产业结构转型升级的空间溢出作用具有异质性。技术创新水平从要素投入角度采用高等学校 R&D 经费支出的对数来衡量，创新是产业结构转型升级的关键，创新驱动新要素的产生并投入生产，改变原有生产要素的价格和结构，相应地，边际生产率也发生改变。生产要素由低效率部门向高效率部门快速移动并重新配置，进而改变产业结构（Peneder，2003）。

本书所使用的数据为中国 30 个省份的数据，原数据来源于《中国统计年鉴》及各省份统计年鉴，表 6-6 为变量的统计性描述。

表 6-6　变量的统计性描述

变量	样本量	均值	标准差	最小值	最大值
ais1	300	1.1625	0.6703	2.0690	2.8320
theil	300	0.2223	0.1451	0.0175	0.9315
sci-finan	300	0.6832	0.5305	0.0092	2.8765
finan	300	3.3807	3.3316	1.1678	106.1599
gov	300	0.2613	0.1148	0.1130	1.3538
human	300	0.02417	0.0137	0.0100	0.0900
innov	300	6.4495	0.6750	4.4000	8.0700
open	300	0.4609	0.9989	0.0127	10.2464

第四节　实证结果分析

一、LM 检验

在进行实证分析之前，本书对空间模型进行 LM 检验，以说明选择空间 Durbin 模型的合理性，检验结果如表 6-7 和表 6-8 所示。由前文产业结构高级化的 Moran's I 指数的检验可知，产业结构高级化的相关性系数显著为正，说明变量之间存在显著的空间相关性。由表 6-7 结果可知，对于地理距离权重和空间网络权重，LM-error 和 LM-lag 的检验在统计上均显著，但是对于空间邻接权重和经济距离权重下 LM-lag 统计上不显著，再观察地理距离权重和空间网络权重下的 Robust-LM-error 和 Robust-LM-lag 的检验结果，判断是否可以选择空间滞后模型或空间误差模型，通过检验结果可知，两者均显著。因此不能直接对稳健的空间误差模型和空间滞后模型进行选择，应该选择较为全面考虑空间因素的空间 Durbin 模型进行估计（Lesage & Pace，2009）。

表6-7　产业结构高级化空间模型 LM 检验

	空间邻接权重		地理距离权重		经济距离权重		空间网络权重	
	χ^2	p 值	χ^2	p 值	χ^2	p 值	χ^2	p 值
LM-error	27.698	0.000	27.189	0.000	4.858	0.028	21.496	0.000
Robust-LM-error	28.692	0.000	30.050	0.000	5.015	0.025	23.013	0.000
LM-lag	0.823	0.364	21.318	0.000	0.250	0.617	8.862	0.003
Robust-LM-lag	1.816	0.178	24.178	0.000	0.407	0.524	10.379	0.001

　　表6-8为产业结构合理化的空间模型 LM 检验，由于地理距离权重下 LM-lag 不显著，因此，本书应当选择在空间邻接权重、经济距离权重或空间网络权重对产业结构合理化进行空间计量模型的分析。再观察空间邻接权重、经济距离权重和空间网络权重下的 Robust-LM-error 和 Robust-LM-lag 的检验结果，Robust-LM-error 在统计上均不显著，所以可以选择空间滞后模型进行空间计量分析。由于空间 Durbin 模型将自变量、因变量和误差项均有可能对本地区产生空间相关性的因素同时纳入模型，能够兼顾空间误差模型和空间滞后模型估计的偏差，因此，最终选择空间 Durbin 模型分析科技金融对产业结构合理化的空间影响。

表6-8　产业结构合理化空间模型 LM 检验

	空间邻接权重		地理距离权重		经济距离权重		空间网络权重	
	χ^2	p	χ^2	p	χ^2	p	χ^2	p
LM-error	33.600	0.000	16.034	0.000	35.089	0.000	9.797	0.002
Robust-LM-error	1.637	0.201	17.768	0.000	0.833	0.361	2.02	0.155
LM-lag	114.682	0.000	0.268	0.605	99.359	0.000	63.571	0.000
Robust-LM-lag	82.719	0.000	2.002	0.157	65.103	0.000	55.794	0.000

　　结合产业结构高级化和合理化的 LM 检验结果以及经济学意义，本章筛选出符合空间 Durbin 模型的权重矩阵为经济距离权重，因为经济距离权重不仅考虑到地区之间的实际距离，而且也能够兼顾地区经济发展水平。在接下来的实证分析中，本章以经济距离权重为基础，采用 SDM 模型进行回归。此外，在对产业结构高级化和合理化进行空间 Durbin 模型回归之前，需明确模型采用固定效应还是随机效应。由此，对经济距离权重下科技金融对产业结构高级化和合理化进行 Huaman 检验，结果均拒绝采用随机效应的原假设，故选择固定效应。

二、实证结果与分析

（一）科技金融对产业结构转型升级的空间影响

根据表 6-9 中第（1）列科技金融对产业结构高级化的空间溢出结果可知，空间误差项 ρ / λ 在 1% 水平下显著为正，说明科技金融对产业结构高级化的影响存在明显的空间集聚和空间依赖特征。对数似然值 $Log\text{-}L$ 值均较大，说明选择的空间 Durbin 模型较为理想；拟合优度 R^2 为 0.7665，大于 0.6，说明模型的估计结果较为理想。由空间 Durbin 模型估计结果可以发现：科技金融对本地区和相邻地区产业结构高级化的影响系数分别为 0.0281 和 0.0475，且均在 5% 水平下显著，具有较强的空间溢出效应。意味着当本地区科技金融效率提高 1%，推动本地区产业结构高级化提高 0.0281%，相邻空间地区的产业结构高级化将提高 0.0475%，说明科技金融在推动产业结构高级化层面存在正向空间溢出效应。第（2）列科技金融对产业结构合理化的空间溢出结果可知，空间误差项 ρ / λ 在 1% 水平下显著为正，说明科技金融对产业结构合理化存在明显的空间集聚和空间依赖特征。对数似然值 $Log\text{-}L$ 值均较大，说明选择的空间 Durbin 模型较为理想；拟合优度 R^2 为 06873，大于 0.6，说明模型的估计结果较为理想。由空间 Durbin 模型估计结果可以发现：科技金融对本地区和相邻地区产业结构泰尔指数的估计系数分别为 –0.0616 和 –0.1170，均在 1% 水平下显著。意味着本地区科技金融效率提高 1%，本地区产业结构的偏离度缩小 0.0616% 以及相邻地区产业结构的偏离度缩小 0.1170%，因此，科技金融能够抑制本地区以及相邻地区的产业结构偏离度，对当地及相邻地区的产业结构合理化有显著的促进作用。

表 6-9　科技金融对产业结构转型升级的空间影响

变量	(1)	(2)
	*ais*1	*theil*
sci-finan	0.0281** (0.0089)	–0.0616*** (0.0121)
finan	0.0007 (0.0012)	–0.0016 (0.0017)
gov	–0.2373*** (0.0662)	0.2850*** (0.0893)
innov	–0.0211** (0.0103)	0.0351** (0.0139)
human	5.2923*** (0.3493)	–0.4602 (0.4683)

续表

变量	(1)	(2)
	*ais*1	*theil*
open	0.0210***	−0.0112
	(0.0059)	(0.0080)
W.sci-finan	0.0475**	−0.1170***
	(0.0187)	(0.0250)
W.finan	0.0004	−0.0038**
	(0.0014)	(0.0018)
W.gov	−0.1608	0.4335**
	(0.1238)	(0.1696)
W.innov	0.0296	−0.0075
	(0.0259)	(0.0344)
W.human	−0.8730	0.5028
	(0.5995)	(0.7127)
W.open	0.0057	−0.0359**
	(0.0120)	(0.0163)
time	Yes	Yes
ρ / λ	0.2607***	0.3270***
	(0.0656)	(0.0512)
Log-L	387.0011	296.4468
N	300	300
R^2	0.7665	0.6873

　　总之，科技金融能显著推动本地区产业结构高级化和合理化，并且对邻近地区产业结构高级化和合理化均具有推动作用。因此，科技金融对产业结构转型升级存在显著的空间溢出效应，呈现出"一荣俱荣，一损俱损"的结果。这是因为地区之间存在着明显的"学习效应"和"示范效应"，某个省份在提高科技金融效率过程中所总结的经验，通过"学习效应"会推广到邻近省份，形成产业结构转型升级的路径依赖。如果一个地区在推动产业结构转型升级中注重科技与金融相结合，促进金融资源更多地投入到高技术产业，提升资源配置效率，鼓励企业开展技术创新。其邻近地区将会根据本地区的成果经验，开展一系列的政策措施，提高本地区的科技金融效率。由此可见，在"学习效应"和"示范效应"下本地区科技金融效率的提高能够促进本地区以及其他地区的产业结构转型升级。

　　通过观察影响产业结构转型升级的控制变量可知，本地区人力资本水平和对外开放水平的提高会对本地区产业结构高级化也具有显著的推动作用。相邻地区的金融发展水平和对外开放水平对产业结构合理化具有显著影响。其原因有以下三个：①人力资本对产业结构高级化的推动作用。说明产业结构由劳动密集型产业向知识密集型产业转型中，对劳动力的知识技能也有更高的要求。这意味着劳动力受教育程度越高，越有利于产业结构高级化的发展要求。因为高技能人才能够通过"干中学"和"知识外溢"效应加速产业部门的技术创新，同时，人力资源的集聚带来知识存量的提升，为产业结构向高级化方向发展创造了更好的条件。因此，人力资本的提升，意味着高技能人才的产生，有利于提升地区的技术创新能力，推动主导产业转向知识密集型产业，促进产业结构高级化。②对外开放水平对产业结构高级化的推动作用，主要体现在对外开放带来的"比较优势创造效应"和"比较优势激发效应"（金京等，2013），再加之知识、技术等贸易中间品具有强外溢性特点，能够进一步提高模仿后再创新的能力。因而，提高对外开放水平意味着经济融入全球化生产网络，能够加速生产要素流动，再通过出口学习，促进本土高技术企业的发展及产业结构的高级化。此外，对外开放水平的提高，能够促进资本要素的流动，劳动力资源的合理配置，调整不同产业的发展规模和内在质量，有利于增强产业之间的耦合质量，推动产业结构合理化。③其他地区的金融发展水平能推动本地产业结构合理化，原因在于：在资源分配过程中，金融发展的信用创造活动通过乘数效应激活潜在资源，加速资本的形成和积累。在科技金融存在"空间溢出效应"的情况下，资源流向高效率部门，通过技术创新的"协同效应"，逐步增强产业间的关联程度和协调能力，推动本地区产业结构的合理化。通过回归结果，还可以发现：本地金融发展水平对产业结构高级化的影响不显著，本地政府规模和创新能力对产业结构高级化和合理化均具有负向影响，这与预期不相符。其中的原因有两个：①财政支出在规模上的扩张往往以经济结构失衡为代价。各地区注重短期经济增长，财政支出多投入于科技成果转化周期时间较短的传统产业，相应地，缩减了对高技术企业的融资力度，放缓了产业结构向知识密集型转变的速度，也不利于产业之间的高质量耦合。②当前我国技术创新能力不足、创新成果转化率低等问题仍然存在，使产业无法实现由低端向高端的飞跃。总之，创新驱动对产业结构转型升级的贡献不足，在未来增强技术创新能力是推动产业结构转型升级的关键。

（二）科技金融对产业结构转型升级的空间效应分解

在空间 Durbin 模型中，模型中加入空间滞后项后，空间滞后项的系数表示科技金融对产业结构转型升级的综合空间效应，在这种情况下，需要将这种综合空间效应进行分解，通过效应分解可以清晰地观察科技金融对产业结构转型升级的空间差异化影响。据此本章将科技金融对产业结构转型升级的空间效应分解为直接效应、间接效应和总效应三个方面。具体而言，直接效应是指本地区解释变量对本地区被解释变量的总影响，既包括本地区解释变量对被解释变量的内部影响，也包括本地区解释变量对其他地区被解释变量影响之后带来的外部反馈效应。间接效应是指相邻地区解释变量对本地区被解释变量的影响程度。总效应是指所有地区的解释变量对本地区被解释变量带来的平均影响。

科技金融对产业结构高级化的效应分解见表6-10：①从直接效应结果可知，科技金融的直接效应估计系数为0.0274，通过5%显著性水平检验，说明本地区产业结构高级化受本地区科技金融的影响较为明显。②从间接效应可知，科技金融间接效应估计系数为0.0670，通过5%显著性水平检验，说明相邻地区科技金融对本地区产业结构高级化具有显著空间溢出作用。③从总效应结果可知，科技金融的总效应系数为0.0944，并且通过1%显著性水平检验，这说明对于所有省份，科技金融效率提高1%将提升本地产业结构高级化的0.0944%。从影响系数上来看，间接影响效应大于直接影响效应，说明科技金融的空间溢出效应主要来自于其他地区科技金融效率对本地区产业结构高级化的影响。在其他控制变量方面，人力资本水平和对外开放水平可同时显著促进本地区和其他地区的产业结构高级化，直接效应均大于间接效应，显著的正向空间溢出效应使产业结构高级化在总效应层面也显著为正；政府财政支出规模对本地区及其他地区产业结构高级化均具有抑制作用；金融发展水平和创新能力对本地区及其他地区产业结构高级化的影响不显著。

表6-10　科技金融对产业结构高级化的空间效应分解

ais1	direct	indirect	total
sci-finan	0.0274** (0.0104)	0.0670** (0.0269)	0.0944*** (0.0343)
finan	0.0007 (0.0012)	0.0007 (0.0017)	0.0014 (0.0025)
gov	−0.2524*** (0.0629)	−0.2712* (0.1458)	−0.5326*** (0.1569)
innov	−0.0180 (0.0111)	0.0329 (0.0318)	0.0149 (0.0375)
human	5.3341*** (0.3256)	0.6058 (0.6249)	5.9398*** (0.7164)
open	0.0225*** (0.0056)	0.0144 (0.0143)	0.0369** (0.0145)

由表6-11科技金融对产业结构合理化的空间效应分解可知：①从直接效应结果可知，科技金融的直接效应估计系数为−0.0790，通过5%显著性水平检验，说

明本地区科技金融能显著推动本地区产业结构合理化。②从间接效应可知，科技金融间接效应估计系数为 –0.1863，通过 1% 显著性水平检验，说明相邻地区科技金融对本地区产业结构合理化具有显著正向空间溢出作用。③从总效应结果可知，科技金融的总效应系数为 –0.2652，并且通过 1% 显著性水平检验，这说明对于所有省份，科技金融效率提高 1% 将提升本地产业结构高级化的 0.2652%。从影响系数上来看，间接影响效应大于直接影响效应，说明科技金融的空间溢出效应主要来自于其他地区科技金融对本地区产业结构合理化的影响。在其他控制变量方面，政府财政支出规模对本地区及其他地区的产业结构合理化具有抑制作用；金融发展水平和人力资本通过正向空间溢出效应能显著促进其他地区产业结构合理化，但对于本地区产业结构合理化的影响不显著；技术创新对本地区产业结构合理化具有抑制作用，可能因为我国当前缺乏自主创新能力，科技成果转化率低，科技创新并没有发挥出空间协同效应，不利于产业结构合理化；对外开放水平能显著推动本地区产业结构合理化，但对其他地区产业结构合理化的影响不显著。

表 6-11　科技金融对产业结构合理化的空间效应分解

theil	Direct	indirect	total
sci-finan	–0.0790** (0.0146)	–0.1863*** (0.0412)	–0.2652*** (0.0520)
finan	–0.0022 (0.0017)	–0.0060** (0.0025)	–0.0082** (0.0037)
gov	0.3630*** (0.0830)	0.7285*** (0.2127)	1.0915*** (0.2292)
innov	0.0369** (0.0155)	0.0102 (0.0464)	0.0471 (0.0553)
human	–0.4252 (0.4425)	–0.0526*** (0.0203)	0.0407 (1.0625)
open	–0.0158** (0.0074)	0.0002 (0.0108)	–0.0684*** (0.0210)

本 章 小 结

本章首先对科技金融效率的分布特征、空间差异和分布动态进行分析，在此基础上引入空间因素，其次采用空间 Durbin 模型分析科技金融对中国产业结构转型升级的空间效应进行分析，本章研究包括以下四个部分：

第一，从分布特征视角来看。在样本考察期内，各省科技金融效率呈现出逐年增长态势，但也存在不同程度的波动；从空间差异视角来看，中国科技金融效率的总体基尼系数出现反复上升与下降，整体上呈下降趋势。从地区差异的空间差异来看，区域内差距、区域间差距和超变密度成为科技金融效率地区差距的空间来源，区域间差距成为中国科技金融效率地区差距的主要来源；从分布动态角度来看，就全国而言，科技金融效率核密度函数中心呈现出向右移动的趋势，且存在一个主峰和侧峰；就东部地区而言，核密度函数主峰较为陡峭，向右移动较为频繁，但核密度函数明显存在多峰现象；中部地区科技金融效率处于较低的水平，但核密度函数的中心呈现出逐渐向右移动的趋势；西部地区科技金融效率核密度函数的主峰峰值呈现出逐渐上升的趋势，在样本考察期内核密度函数具有明显的双峰现象。

第二，对核心变量进行空间自相关检验。结果表明：在空间关联网络权重下科技金融呈现出明显的空间溢出模式；无论是对空间邻接权重，还是地理距离权重、经济地理权重和空间关联网络权重，产业结构高级化和合理化的相关系数均为正值，且通过 1% 显著性水平检验；这说明科技金融、产业结构高级化和合理化均存在显著的空间溢出特征，呈现出"一荣俱荣，一损俱损"的空间格局。

第三，采用空间 Durbin 模型分析科技金融对产业结构转型升级的空间效应。回归结果表明：科技金融对产业结构高级化回归系数为正值且通过显著性检验，科技金融对产业结构泰尔指数的回归结果显著为负。科技金融通过"学习效应"和"示范效应"对产业结构转型升级产生正向空间溢出效应，科技金融不仅能显著促进本地区产业结构高级化和合理化，而且对邻近地区产业结构的高级化和合理化也均具有推动作用。

第四，对科技金融影响产业结构转型升级的空间效应进行分解。结果显示：科技金融对产业结构高级化的直接效应和间接效应显著为正，间接效应大于直接效应，且总效应也显著为正。说明在科技金融存在正向空间溢出的情境下，本地区的产业结构高级化的提升不仅来自于本地区科技金融，而且更大程度上来自于其他地区科技金融的影响；科技金融对产业结构泰尔指数的直接效应和间接效应显著为负，间接效应大于直接效应，且总效应也显著为负。说明科技金融能够缩小产业结构的偏离度，有利于产业结构合理化。

第七章

科技金融对产业结构
转型升级的政策效应

前两章介绍了科技金融对产业结构转型升级的基本影响与空间影响，然而政策影响也不容忽视。近年来，随着经济由高速度向高质量发展转变，生产由低端向高端发展模式转型。在经济转型过程中，科技是第一生产力，金融是现代经济的核心。为推动科技与金融融合，科技部、中国人民银行等相关部门于 2011 年研究决定在 16 个地区首批开展科技金融相结合的试点工作。此后，相关部门于 2016 年选择在郑州、厦门等 9 个城市开展第二批促进科技与金融相结合的试点工作。试点的目的在于有效带动金融资源支持科技发展，缓解企业融资难题，发挥技术创新及金融发展对产业结构转型升级的作用。随着科技金融政策的加速推进，政策的实施能否促进产业结构转型升级，是本部分所要考察的内容。于是，本章以科技金融政策为出发点，详细阐述科技金融政策对产业结构转型升级的影响。本章研究主要包括以下四个部分：①将科技金融政策作为准自然实验，采用双重差分法（DID）考察中国 2011 年以来实施的科技与金融结合政策对产业结构转型升级的影响。②通过改变样本区间、改变样本时间、剔除具有异质性的样本、安慰剂检验等进行一系列的稳健性检验。③对科技金融政策效应进行区域异质性和城市等级异质性分析。④构建中介效应模型对科技金融政策影响产业结构转型升级的作用机制进行分析。

第 一 节　研 究 设 计 与 数 据 说 明

一、双重差分模型构建

本部分采用双重差分法（DID）识别科技金融政策实施对产业结构转型升级的因果效应。截至目前，根据科技部、中国人民银行、中国银保监和中国证监会分别在 2011 年和 2016 年联合发布的"科技与金融结合"试点通知，分别涵盖 16 个和 9 个试点地区，这为本章采用 DID 方法提供了一个"准自然实验"。由于 2016 年获批的试点城市被政策影响的时间较短，因此本章以第一批城市作为实验组进行考察，以第二批试点城市检验基准结果的稳健性。本部分所使用的样本为中国 285 个地级市的数据，基于研究需要，我们将 16 个试点地区进一步细化为 41 个试点城市。其中由于镇江、渭南 7 个城市数据缺失，均删除。为保证估计结果为 2011 年科技金融政策的净影响（石大千等，2018），剔除第二批次试点的 9 个城市样本，最终确定 39 个试点的城市为实验组，其余 230 个未试点的城市为对照组，采用 DID 方法来研究科技金融政策的"净效应"。构建以下模型：

$$upis_{it} = \alpha_0 + \alpha_1 period \times treat + \alpha_2 \sum_{N=1}^{N} control_{it} + \mu_i + \gamma_t + \varepsilon_{it} \quad （7-1）$$

其中，$upis_{it}$ 为被解释变量，表示第 i 个城市第 t 年的城市产业结构转型升级水平，本章分别选取产业结构高级化和合理化两个维度测度；$period$ 为时间虚拟变量，2011 年之前 $period$ 为 0，2011 年之后 $period$ 为 1；$treat$ 为组间虚拟变量，科技金融试点的 39 个城市 $treat$ 为 1，非试点的 230 个城市 $treat$ 为 0；$period \times treat$ 是双重差分项，表示科技金融政策对产业结构转型升级的"净效应"；$control$ 为一组控制变量，包括金融相关率、教育水平、全要素生产率和人口密度；μ_i 为城市固定效应；γ_t 为时间固定效应；ε_{it} 为随机扰动项。

二、平行趋势与动态性检验

式（7-1）构建的 DID 模型仅评估了科技金融政策对产业结构转型升级的平

均影响。其实科技金融政策的实施具有一定的持续性，对产业结构转型升级的影响也不一定当期有效，原因在于科技金融政策能够缓解企业融资问题，促进资本流动以及提升创新水平等，这些因素的变动对产业结构转型升级具有长远的推动作用。为此，科技金融政策对产业结构的转型升级具有长期持续性。再加之，采用 DID 方法评估科技金融政策的效果时，一个严格的前提是平行趋势假定，在科技金融政策提出之前，实验组和对照组城市没有显著差异。因此在上述模型的基础上进行扩展，构建以下动态效应模型：

$$upis_{i,\ t} = \theta_0 + \sum_{\tau=-1}^{\tau=-4} \theta_\tau dummy + \theta_i dummy + \sum_{\tau=1}^{\tau=4} \theta_\delta dummy + \sum_{N=1}^{N} control_{i,\ t} + \mu_i + \gamma_t + \varepsilon_{i,\ t} \quad (7\text{-}2)$$

在式（7-2）中，$dummy$ 表示的是一组年度虚拟变量，假设科技金融政策从 2011 年之前的 τ 年实施（τ=2010、2009、2008、2007）则 $dummy=1$，其他年份 $dummy=0$；假设科技金融政策从 2011 年之后的 δ 年实施（δ=2012、2013、2014、2015）则 $dummy=1$，其他年份 $dummy=0$，科技金融政策实施的当年 $dummy=1$，其他年份 $dummy=0$。如果 θ_τ 没有通过显著性水平检验，而 θ_δ 通过了显著性水平检验，这说明政策实施前控制组和实验组没有差异，政策实施后有差异，即满足平行趋势假定。因此，本部分通过绘制平行趋势图和图表对产业结构高级化和合理化的动态性进行展示。

三、变量选取

（一）被解释变量

产业结构转型升级水平。本书借鉴干春晖等（2011）的做法，用第三产业产值比第二产业产值（本书记为 ais）来衡量产业结构高级化。这种度量方式能够反映产业结构的变化，如果 ais 上升，那么意味着经济结构向服务化倾向转变，产业结构在转型升级；采用泰尔指数（本书记为 $theil$）来衡量产业结构合理化，该指标为逆向指标，用来衡量三次产业中劳动力就业人员与产出的协调性。

（二）核心解释变量

科技金融政策（did）。该城市在 2011 年是否为试点城市，如果是，那么 $treat=1$；反之，$treat=0$。并且，2011 年之后 $period=1$，2011 年之前 $period=0$，$period \times treat$ 表示科技金融政策效应（见表 7-1）。

表 7-1 主要变量及数据说明

变量类别	变量名称	计算方法
被解释变量	产业结构高级化（ais）	第三产业产值 / 第二产业产值
	产业结构合理化（theil）	$theil_{i,\,t}=\sum\limits_{m=1}^{3}y_{i,\,m,\,t}\,ln(y_{i,\,m,\,t}\,/\,l_{i,\,m,\,t})$
核心解释变量	科技金融政策（did）	虚拟变量（0,1）
控制变量	金融相关率（finan）	（存款余额 + 贷款余额）/ 地区生产总值
	全要素生产率（tfp）	SBM+GLOBAL+ 超效率测算
	人力资本（lnedu）	教育支出总额取对数处理
	人口密度（lnpeople）	城市市辖区人口总量取对数

（三）控制变量

为了防止遗漏变量带来的内生性问题，本章在参考已有文献（Goldsmith，1969；Pastor，2005；周亚虹等，2013；姜雅婷和柴国荣，2017）的基础上，选取的控制变量为金融相关率（finan），采用城市存款与贷款之和与城市经济发展水平的比值来衡量；人力资本（lnedu），采用城市教育支出的对数来衡量；全要素生产率（tfp），采用非期望产出的全局参比的超效率 SBM 模型进行测度；人口密度 (lnpeople)，采用人口总量的对数来衡量。表 7-1 为主要变量及数据说明，表 7-2 为变量的统计性描述。

表 7-2 变量的统计性描述

变量	样本量	均值	标准差	最小值	最大值
ais	3614	0.865	0.448	0.0942	4.266
theil	3614	0.542	0.314	0.0066	2.381
did	3614	0.080	0.272	0.000	1.000
finan	3614	5.588	4.162	0.560	102.282
tfp	3614	0.345	0.196	0.013	1.317
lnedu	3614	12.503	0.992	6.902	16.082
lnpeople	3614	4.602	0.777	2.682	7.804

四、数据来源

本章以科技金融政策作为准自然实验，选取 2005 ~ 2017 年中国 287 个地级市的数据。部分地级市部分年份存在数据缺失，采用线性插值法进行填补，最终得到 278 个地级市 13 年的平衡面板数据。科技金融政策数据来源于国家科学技术部官网，其他数据来源于《中国城市统计年鉴》。

第二节 实证结果分析

一、平行趋势检验

本部分使用 DID 方法来评估科技金融政策对城市产业结构转型升级的效应，为了准确评估政策的效果，DID 要满足平行趋势假定。在科技金融政策实施之前，也就是 2011 年之前实验组与控制组没有差异，实验组和控制组存在同质性。本章借鉴 Beck 和 Levine（2007）的做法对该假定进行平行趋势检验。接下来，采用图示展示科技金融对产业结构高级化（左图）和合理化（右图）的平行趋势结果，估计结果如图 7-1 所示。结果表明，在政策冲击前的年份（2007 ~ 2010年）均没有通过显著性检验，这表明在科技金融政策实施之前实验组和对照组的产业结构没有差异，满足平行趋势假设。当政策实施之后（2011~2015 年），政策效应通过了显著性水平检验，这说明科技金融政策的实施对产业结构的影响具有持续性。从图中还可以看出，对于产业结构高级化，科技金融政策滞后两年（2013 年）时系数最大，滞后一年（2012 年）、三年（2013 年）和四年（2014 年）的系数相比滞后两年时有所减小，但差距不大。对于产业结构合理化，在科技金融政策实施的当年以及滞后一年是显著的，其余滞后年份不显著，说明科技金融政策对产业结构合理化的影响只是在当期有效，总体上影响不明显。

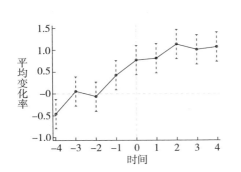
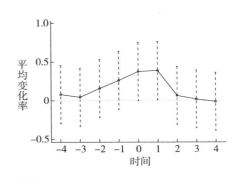

图 7-1 平行趋势检验

二、动态性检验

为了得到科技金融政策对产业结构转型升级的动态性影响，本章构建动态检验模型。如表7-3第（1）、第（2）列所示，科技金融政策对产业结构高级化的动态性，无论是否加入控制变量，政策变量的系数没有明显差异。政策实施的当年（2011年），政策效应是显著的。这说明科技金融政策对产业结构高级化具有立竿见影的效果。其原因可能是科技金融政策的实施缓解企业的融资问题，引导创新要素流向新兴企业，促进企业自主创新，从而通过加速淘汰落后产业、改造升级部分传统行业、催生一批新兴产业。并且政策实施的当年及滞后四年的政策效应也是显著的，这说明科技金融政策对产业结构高级化的影响具有持续性。通过表7-3第（3）、第（4）列可知，科技金融政策对于产业结构合理化的动态性，无论是否加入控制变量，政策变量的系数在政策实施的当年（2011年）及滞后一年（2012年）是显著的，其余年份均不显著。这说明科技金融政策对产业结构合理化的影响并不具有持续性。其可能的原因为科技金融政策在实施的初期，并未综合考虑区位优势及产业发展的关联度，导致产业间关联度不高，致使对产业结构合理化的带动作用不具有持续性。

表 7-3　科技金融政策对产业结构转型升级的动态性检验

变量	*ais*		*theil*	
	(1)	(2)	(3)	(4)
*did-advance*4	−0.0419 (0.0340)	−0.0458 (0.0334)	0.0083 (0.0231)	0.0083 (0.0231)
*did-advance*3	0.0163 (0.0340)	0.0054 (0.0334)	0.0049 (0.0231)	0.0037 (0.0231)
*did-advance*2	0.0095 (0.0340)	−0.0064 (0.0334)	0.0162 (0.0231)	0.0123 (0.0231)
*did-advance*1	0.0498 (0.0340)	0.0424 (0.0334)	0.0286 (0.0231)	0.0269 (0.0231)
when	0.0794 ** (0.0340)	0.0773** (0.0334)	0.0384* (0.0231)	0.0391* (0.0231)
*did-after*1	0.0828** (0.0340)	0.0810** (0.0334)	0.0398* (0.0231)	0.0390* (0.0334)
*did-after*2	0.1049*** (0.0340)	0.1136*** (0.0334)	0.0073 (0.0231)	0.0108 (0.0231)
*did-after*3	0.0936*** (0.0340)	0.1016*** (0.0334)	0.0023 (0.0231)	0.0044 (0.0231)

续表

变量	ais		theil	
	(1)	(2)	(3)	(4)
*did-after*4	0.1038** (0.0340)	0.1077*** (0.0334)	−0.0008 (0.0231)	0.0009 (0.0231)
control	N	Y	N	Y
时间效应	Y	Y	Y	Y
地区效应	Y	Y	Y	Y
_cons	3.4233	5.7926	0.0639	0.9823
obs	3497	3497	3497	3497

三、基准模型检验

为评估科技金融政策对产业结构转型升级的效果，本章采用双向固定的模型进行基准回归，科技金融对产业结构高级化的影响结果如表 7-4 所示。第（1）列是未加入控制变量的模型，第（2）列是加入控制变量的模型。从表 7-1 第（1）、第（2）列可以看出，无论是否加入控制变量，科技金融政策对产业结构转型高级化均具有显著的促进作用。此外，金融相关率、全要素生产率及人口密度对产业结构有推动作用，这表明金融是现代经济的血脉，银行通过信贷引导资金的流动，投资者通过股权投资把资金投向企业，为创新企业提供资金支持，缓解创新型企业融资问题，在产业结构的服务化倾向中发挥巨大作用；人口集聚促进了产业集聚（范剑勇，2006），人口密度的提升有利于促进城市群的产业结构升级。全要素生产率反映了城市经济发展的效率问题，经济发展"质"的提高意味着企业转向清洁生产，传统产业被淘汰，产业结构向中高端转型。而人力资本对产业结构转型升级具有负向影响，这一结果与预期相反。出现此结果的原因可能在于：当前我国人力资本与产业结构不适宜的匹配度，导致产业比较乏力。一方面，人力资本与产业结构高级化的匹配度直接影响产业结构转型升级的效率（王力南，2012）。虽然我国人力资本与产业结构有较强的耦合关联，但耦合程度还不高（张桂文和孙亚南，2014）。另一方面，从人力资本的结构配置上来看，人力资本只有在空间上得到合理的配置，才能释放经济高质量发展的动力。由于人力资本错配在我国各地区普遍存在，东部地区配置不足，中西部地区配置过度（解晋，2019）。人力资本的错配会阻碍生产要素的充分发挥（李静和楠玉，2019），抑制劳动生产率的提高（Teixeira & Queirós，2016），并带来人力资本短缺和闲置并存的社会问题，反而不利于产业结构向高级化发展。

通过表 7-4 第（1）、第（2）列可知，科技金融政策的实施能推动产业结构高级化，第（3）列为对城市进行聚类调整的结果，可以看出政策变量的系数没有明显差异。由于还存在随时间变化但不能纳入模型的遗漏变量（史贝贝等，2017），第（4）列加入省份虚拟变量与时间的交互项，结果表明政策变量的系数没有变化，并且与加入控制变量的结果一致，说明基准回归结果可信。

表 7-4　科技金融政策对产业结构高级化的基准回归结果

ais	(1)	(2)	(3)	(4)
did	0.1282*** (0.0168)	0.1412** (0.0167)	0.1269*** (0.0411)	0.1412*** (0.0425)
finan	—	0.0085*** (0.0015)	0.0184* (0.0112)	0.0085 (0.0061)
lnedu	—	−0.2003*** (0.0214)	−0.0054 (0.0178)	−0.2003*** (0.0612)
tfp	—	0.0964*** (0.0242)	0.2104*** (0.0613)	0.0964 (0.0620)
lnpeople	—	0.0339* (0.0203)	0.1965*** (0.0434)	0.0339 (0.0393)
城市与年份的交互项	N	N	N	Y
时间固定效应	Y	Y	Y	Y
城市固定效应	Y	Y	Y	Y
_cons	3.3870	5.8809	−0.1573	5.8809
F	—	—	14.6157	—
N	3497	3497	3497	3497
R²	0.3181	0.3476	0.1039	0.3476

科技金融政策对产业结构合理化的影响结果如表 7-5 所示。从表中第（1）、第（2）列可以看出，无论是否加入控制变量，科技金融政策对产业结构合理化的影响不显著，即科技金融政策并未促进产业结构合理化。第（3）列为对城市进行聚类调整的结果，可以看出政策变量的系数没有明显差异，仍然不显著。第（4）列加入省份虚拟变量与时间的交互项，结果表明政策变量的系数没有变化，并且与加入控制变量的结果一致，这说明基准回归结果可信，科技金融政策并未促进产业结构合理化。可能的原因有以下两点：①科技金融政策在实施初期，可能未综合考虑地区的区位优势及产业的比较优势，导致金融资源的流动不合理，

产业间的协调能力和关联程度不高。②由于我国高端人力资本缺乏、自主创新能力较低，同时在不健全的市场机制体制下，不利于企业间进行合作和业务拓展，即使科技金融政策凭借优惠的金融扶持不断引导资源流向科技型中小企业，在一定程度上缓解科技型中小企业的融资瓶颈，但科技型中小企业由于自身发展限制，在引进人才方面存在劣势（唐荣和黄抒田，2021），仍然难以在短时间内扭转资源配置效率较低的劣势，由此对于产业结构合理化的不利影响削弱了对产业结构合理化的促进作用，致使科技金融政策未能显著促进产业结构合理化（胡欢欢和刘传明，2021）。

表7-5　科技金融政策对产业结构合理化的基准回归结果

theil	(1)	(2)	(3)	(4)
did	0.0016 (0.0115)	0.0039 (0.0116)	0.0064 (0.0209)	0.0040 (0.0232)
finan	—	−0.0006 (0.0010)	−0.0099 (0.0032)	−0.0006 (0.0033)
lnedu	—	−0.0686*** (0.0149)	−0.0072 (0.0079)	−0.0686** (0.0299)
tfp	—	0.0273 (0.0168)	0.0161 (0.0284)	0.0273 (0.0308)
lnpeople	—	0.0055 (0.0141)	−0.0204 (0.0209)	0.0055 (0.0244)
城市与年份 的交互项	N	N	N	Y
时间固定效应	Y	Y	Y	Y
城市固定效应	Y	Y	Y	Y
_cons	0.0780	0.9952	0.7347	0.9952
F	—	—	0.6700	—
N	3497	3497	3497	3497
R^2	0.8670	0.8650	0.0339	0.8680

四、稳健性估计结果

科技金融政策的试点城市分布在我国东、中、西部地区，控制组和实验组可能存在着系统性差异，这样会使双重差分的结果产生偏误。因此，本章进一步利用倾向得分匹配法（PSM-DID）对实验组和控制组进行校准。为了检验结果的稳健性，本章采用近邻匹配（Neighbor Matching）、半径匹配（Radius Matching）和核匹配（Kernel Matching）三种匹配方式。基本思路有以下四个：①以样本城市是否实施科技金融政策的虚拟变量对金融相关率、人力资本、全要素生产率和人口密度进行 Logit 回归，计算出倾向得分值。②通过所计算的得分值，为实验组的城市找到相似的控制组样本城市，剔除没有匹配的样本城市。③对匹配后的城市进行平行趋势检验，如果匹配后各协调变量不显著，那么支持 PSM–DID 方法。④采用 DID 方法对模型进行回归。

尽量上述 DID 模型中加入金融发展水平、人力资本水平和全要素生产率等控制变量，但仍可能存在内生性问题，原因在于实施科技金融试点的城市与未试点城市初始条件不同，很可能产生"自选择效应"。在这种情况下，如果直接将科技金融试点市与未试点城市样本进行回归，可能使结果有失偏颇。为缓解可能产生的"样本选择偏差"，本部分采用倾向得分匹配法（PSM–DID）为科技金融试点的城市找到可以比较的控制组，进而运用匹配后的样本进行回归，PSM–DID 能够解决传统 DID 中不满足平行趋势假定所带来的结构偏误问题。

表 7-6 和表 7-7 报告了科技金融政策对产业结构高级化和合理化的平衡性检验，结果显示，匹配之后控制变量金融相关率（finan）、全要素生产率（tfp）、人力资本（lnedu）和人口密度（lnpeople）的均值在实验组与对照组之间不存在显著差异，说明倾向得分匹配修正了倾向得分值的分布偏差。因此，本章匹配后的数据有效且可信。

表 7-6 倾向得分匹配平衡性检验（产业结构高级化）

变量名	样本	均值		偏差	t 值	$p>|t|$
		处理组	控制组			
finan	匹配前	4.677	5.771	−31.3	−5.42	0.000
	匹配后	4.664	4.917	−7.2	−1.49	0.136
lnedu	匹配前	13.251	12.354	87.6	19.91	0.000
	匹配后	13.062	13.020	4.1	0.66	0.508
tfp	匹配前	0.347	0.347	0.1	0.03	0.979
	匹配后	0.342	0.355	−6.6	−0.98	0.325
lnpeople	匹配前	5.377	4.436	117.2	28.29	0.000
	匹配后	5.209	5.188	2.6	0.40	0.688

注：采用近邻 1：3 匹配，表中 t 检验的原假设为处理组和控制组的样本均值相等，下同。

表 7-7　倾向得分匹配平衡性检验（产业结构合理化）

变量名	样本	均值		偏差	t	p>|t|
		处理组	控制组			
finan	匹配前	4.675	5.474	−28.700	−5.060	0.000
	匹配后	4.675	4.796	−4.300	−0.760	0.447
lnedu	匹配前	13.027	12.413	67.600	14.000	0.000
	匹配后	13.027	12.998	3.100	0.460	0.643
tfp	匹配前	0.341	0.342	−0.500	−0.100	0.918
	匹配后	0.341	0.355	−7.100	−1.010	0.315
lnpeople	匹配前	5.175	4.499	99.400	21.660	0.000
	匹配后	5.175	5.184	−1.300	−0.180	0.860

　　表 7-8 为科技金融政策对产业结构高级化的 PSM-DID 回归结果，结果表明无论采用半径匹配、核匹配还是近邻匹配，科技金融政策的实施对产业结构高级化的影响均为正值且通过了 1% 的显著性水平检验，匹配后的回归结果与基准回归相比差异不大，这说明城市间的差异对政策评估并未产生偏误，科技金融政策能够促进城市产业结构高级化，从而进一步支撑了本章的结论。

表 7-8　科技金融政策对产业结构高级化的 PSM-DID 估计结果

变量	ais		
	半径匹配	核匹配	近邻匹配
did	0.1185*** (0.0403)	0.1095*** (0.0401)	0.1412*** (0.0425)
finan	0.0384*** (0.0067)	0.0087 (0.0061)	0.0085 (0.0061)
lnedu	−0.2088*** (0.0611)	−0.1880*** (0.0605)	−0.2003*** (0.0612)
tfp	0.0991 (0.0619)	0.0659 (0.0620)	0.0964 (0.0620)
lnpeople	0.1442*** (0.0385)	0.0366 (0.0394)	0.0339 (0.0393)
时间固定效应	Y	Y	Y
城市固定效应	Y	Y	Y
_cons	2.3602	2.7609	2.9139
F	54.2068	57.3731	58.477
N	3314	3454	3497
R^2	0.8488	0.8546	0.8567

表 7-9 为科技金融政策对产业结构合理化的 PSM–DID 回归结果，结果表明无论采用半径匹配、核匹配还是近邻匹配，科技金融政策的实施对产业结构合理化的影响均不显著，匹配后的回归结果与基准回归相比差异不大，这说明城市间的差异对政策评估并未产生偏误，科技金融政策并未促进城市产业结构合理化，从而进一步支撑了本章的结论。

表 7-9　科技金融政策对产业结构合理化的 PSM-DID 估计结果

变量	theil		
	半径匹配	核匹配	近邻匹配
did	0.0199 (0.0251)	0.0123 (0.0242)	0.0040 (0.0232)
finan	−0.0083* (0.0048)	−0.0006 (0.0033)	−0.0006 (0.0033)
lnedu	−0.0829*** (0.0292)	−0.0706** (0.0302)	−0.0686** (0.0299)
tfp	0.0273 (0.0308)	0.0274 (0.0317)	0.0273 (0.0308)
lnpeople	−0.0239 (0.0310)	0.0063 (0.0244)	0.0055 (0.02444)
时间固定效应	Y	Y	Y
城市固定效应	Y	Y	Y
_cons	1.6005	1.3244	1.3045
F	7.6021	6.0584	5.9209
N	3314	3454	3497
R^2	0.8671	0.8540	0.8562

五、稳健性再检验

本文对稳健性进行再检验，具体为改变样本区间、改变样本时间、剔除具有异质性的样本、剔除其他相似政策冲击的影响、安慰剂检验五个方面进行再检验，来降低政策效果评估的偏误。

（一）改变样本区间的稳健性检验

在前文的基准分析中，本章在检验科技金融政策的实施对产业结构转型升级的影响时，因为第二批试点的城市时间较短，剔除了第二批试点的 9 个样本城市。为了检验结果的稳健性，加入第二批试点的 9 个样本城市，科技金融政策对产业结构高级化的结果如表 7-10 第（1）列所示，所得倍差系数与基准回归中剔除第二批科技金融试点城市的回归结果一致，并且同样通过了 1% 的显著性水平，进一步证明了结果的稳健性。同样，科技金融对产业结构合理化的结果如表 7-11 第（1）列所示，所得倍差系数与基准回归结果一致，仍然不显著，这进一步一说明科技金融政策未能促进产业结构合理化。

表 7-10   科技金融政策对产业结构高级化的稳健性再检验

ais	(1)	(2)	(3)	(4)	(5)
did	0.1233***	0.0607***	0.0679***	0.1126***	0.0139***
	(0.0156)	(0.0119)	(0.0142)	(0.0172)	(0.0043)
控制变量	Y	Y	Y	Y	Y
时间固定效应	Y	Y	Y	Y	Y
城市固定效应	Y	Y	Y	Y	Y
_cons	5.7792	4.1875	4.4153	2.7850	2.5834
N	3614	1345	1614	3445	3497
R^2	0.3467	0.1819	0.1211	0.3412	0.5086

表 7-11   科技金融政策对产业结构合理化的稳健性再检验

theil	(1)	(2)	(3)	(4)	(5)
did	0.0053	0.0091	−0.0047	0.0138	0.0018
	(0.0108)	(0.0147)	(0.0216)	(0.0121)	(0.0117)
控制变量	Y	Y	Y	Y	Y
时间固定效应	Y	Y	Y	Y	Y
城市固定效应	Y	Y	Y	Y	Y
_cons	0.9424	0.8977	−0.0701	1.3930	0.9998
N	3614	1345	1614	3445	3497
R^2	0.8714	0.9350	0.8018	0.8656	0.8680

（二）改变样本时间的稳健性检验

为了进一步检验政策效应的长期效应，本章通过改变样本时间长度，来验证科技金融政策的实施对产业结构转型升级的影响是否随样本时间段的变动而改变（石大千等，2019）。科技金融政策对产业结构高级化的结果如图 7-10 第（2）、第（3）列所示，第（2）列为政策实施的前后两年（2009~2013 年），第（3）列为前后三年（2008~2014 年），可得出倍差项系数符号为正并通过了 1% 的显著性水平检验。因而，这表明科技金融政策的实施对产业结构高级化的推动作用具有稳定性。同样,科技金融政策对产业结构合理化的结果如表 7-11 第(2),第(3)列所示,可以看出倍差项未通过显著性检验。因而,这表明科技金融政策的实施对产业结构转合理化的推动作用并不明显。

(三)剔除具有异质性的样本

本章将剔除北京市、天津市、上海市、重庆市四个直辖市,以排除地区经济发展的差异带来的政策效果估计的偏误。科技金融政策对产业结构高级化的结果如表 7-10 第(4)列所示。政策变量的回归系数与基准回归结果相比相差不大,并且通过了 1% 的显著性水平检验。同样,科技金融政策对产业结构合理化的结果如表 7-11 第(4)列所示。政策变量的回归系数与基准回归结果相比相差不大,仍然未通过显著性水平检验。从而证明了本章结论的稳健性。

(四)剔除其他相似政策冲击

我国在 2011 年开始实施科技与金融相结合试点工作,随后又出台了一系列的配套措施。这样多个经济政策交叉出现后,倍差系数反映出来的就不仅是科技金融政策的净影响,还包含其他与科技金融相关政策的冲击,这样会导致结果出现偏误。因此,本书对与科技金融相似的政策进行控制,我国在 2012 年开展了金融改革试验区,在考察的样本期间内,已经批准 7 个地区为实验区,7 个地区进一步细化为 14 个城市。在基准模型的基础上,我们加入是否属于金融改革试验区这一虚拟变量。如果在 t 年是金融改革试验区,那么赋值为 1,否则赋值为 0。在控制金融改革试验区政策后,科技金融政策对产业结构高级化的结果如表 7-10 第(5)列所示,虽然倍差系数有所下降,但仍然是显著的。科技金融政策对产业结构合理化的结果如表 7-11 第(5)列所示,回归结果仍然不显著。因此,基准回归结论具有稳健性。

(五)安慰剂检验

为了检验科技金融政策的效应是否受到地区特征及随机因素的影响,本章借鉴(周茂等,2018)的做法,进行关于处理组的安慰剂检验。通过随机抽取 39 个城市,并按照基准回归模型进行随机回归 500 次,进而得到随机处理后的倍差项均值为 0.0069,且不显著。如图 7-2 所示,左图为科技金融政策对产业结构高级化的安慰剂检验,右图为科技金融政策对产业结构合理化的安慰剂检验。随机 500 次的倍差项系数均分布在零附近,与基准回归结果相差较远。从而证明基准回归结果几乎没有受到其他地区特征及随机因素的干扰,产业结构的转型升级确实是由科技金融政策的实施带来的，因此结论具有稳健性。

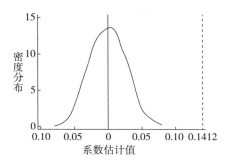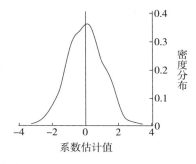

图 7-2　安慰剂检验

第三节　科技金融政策的异质性分析

一、区域异质性

前文分析表明科技金融政策能够促进产业结构高级化，但对产业结构合理化的影响不明显，但从经济实际发展过程中来看，不同地区的政策作用效果存在一定差异。科技金融政策的实施与城市的技术水平、金融发展以及要素资源等密切相关，不同地区的产业结构对科技金融政策的反映存在异质性。本书将选取的 269 个样本城市划分为东部、中部和西部地区，通过引入城市区位分类指标（袁航和朱承亮，2108)，将模型设定如下：

$$upis_{i,t} = \alpha_0 + \alpha_1 did_{i,t} \times cityposition + \alpha_2 \sum_{N=1}^{N} control_{i,t} + \mu_i + \gamma_t + \varepsilon_{i,t} \qquad （7-3）$$

在式（7-3）中，$cityposition$ 是东部、中部和西部地区的分类指标。α_1 衡量的是出于不同地区城市的科技金融政策对产业结构转型升级的影响。当考察东部地区的科技金融政策对产业结构转型升级的影响时，$eastcity=1, midcity$ 及 $westcity=0$；当考察中部地区的科技金融政策对产业结构转型升级的影响时，$midcity=1$，$eastcity=0$ 及 $westcity=0$；当考察西部地区的科技金融政策对产业结构转型升级的影响时，$westcity=1$，$eastcity=0$ 及 $midcity=0$，回归结果见表 7-12

和表 7-13。

表 7-12　科技金融政策对产业结构高级化的区域异质性分析

ais1	区位分类			城市等级	
	（1）	（2）	（3）	（4）	（5）
	东部	中部	西部	高等级	一般等级
did×cityposition	0.2280*** (0.0204)	−0.1069** (0.0490)	0.0134 (0.0297)	0.2370*** (0.0247)	0.0537*** (0.0210)
控制变量	Y	Y	Y	Y	Y
时间固定效应	Y	Y	Y	Y	Y
城市固定效应	Y	Y	Y	Y	Y
_cons	5.6855	5.6025	5.7001	5.7286	5.7567
R²	0.3579	0.3339	0.3330	0.3515	0.3343
N	3497	3497	3497	3497	3497

表 7-13　科技金融政策对产业结构合理化的区域异质性分析

theil	区位分类			城市等级	
	（1）	（2）	（3）	（4）	（5）
	东部	中部	西部	高等级	一般等级
did×cityposition	0.0044 (0.0146)	0.0887*** (0.0336)	0.0048 (0.0177)	−0.0005 (0.0172)	0.0065 (0.0145)
控制变量	Y	Y	Y	Y	Y
时间固定效应	Y	Y	Y	Y	Y
城市固定效应	Y	Y	Y	Y	Y
_cons	0.9927	1.0652	5.7001	0.9899	0.9977
R²	0.8680	0.8682	0.8680	0.8680	0.8680
N	3497	3497	3497	3497	3497

通过表 7-12 第（1）~（3）列可以看出，在经济发达的东部地区，科技金融政策对产业结构高级化有显著的推动作用，而且影响系数为 0.2280，远远高于全国平均水平，但中部地区的科技金融政策对产业结构高级化具有负向影响，西部地区政策效应不显著。原因有三个：①东部地区相对于中西部地区第二、第三产业发展基础较好，经济发展较高，地区经济发展水平越高越有利于地方政府对于产业结构政策目标的落实（孙早和席建成，2015）。伴随着经济的持续发展以

及产业结构"服务化"趋势的增强，第三产业的发展为产业结构高级化创造了良好的环境，科技金融政策的实施会进一步提升当地产业结构高级化。②中部地区前期引入低端制造业，制造业占比较高，使产业结构的变动产生路径依赖（徐春秀和汪振辰，2020）。同时，科技和金融的结合可能促使资金和技术流向传统制造业，而不是高新技术产业，中部地区仍然致力于低端制造业的发展，反而不利于产业结构的高级化。③西部地区经济基础较差、创新能力较弱，再加上自身要素资源的限制，很难形成与之相匹配的高端人才和金融政策，进而导致科技金融政策未在短期内发挥明显的政策效果。从地区异质性来看，科技金融政策对东部地区产业结构高级化的作用效果比较明显，对于中部和西部地区的作用效果并不理想，反而抑制中部地区产业结构合理化，未对中西部地区的经济发挥"雪中送炭"的作用，金融要素配置的普惠性对增长的包容性也不相符。这说明科技金融政策的普惠性功能有待加强，在下一轮的政策试点上可对中西部地区稍加倾斜，从实现包容性增长的高度，让更多中西部地区的企业加入科技与金融相结合的行列。

通过表 7-13 第（1）~（3）列可以看出，科技金融政策对于东部和西部地区的产业结构合理化的影响不显著，而对于中部地区产业结构的泰尔指数的回归系数为正，通过 1% 显著性水平检验，因为泰尔指数是负向指标，衡量的是产业结构的偏离程度。因此，回归系数为正说明科技金融政策显著抑制了中部地区的产业结构合理化，不利于提高中部地区产业间的耦合质量。原因有三个：①对于东部地区，由于市场体制的不完善与高技术企业自身发展的限制，科技金融的结合对于东部地区产业结构合理化没有明显影响，未能显著提高东部地区产业间的耦合质量。②与东部地区相比，位于中部地区的城市金融发展水平、技术创新能力及公共服务设施水平欠佳，往往更难吸引高端人才，降低了劳动力与产业间的匹配程度，再加之中部地区低端制造业占比较高，不利于劳动力和金融资源的合理流动，进而降低资源合理配置和产业间的关联程度，抑制产业结构的合理性。③由于西部地区自身要素资源的限制，因此很难形成与之相匹配的高端人才。再加之，科技金融政策在实施初期未考虑到区位的比较优势，未能增强产业间的联系和关联程度，进而对产业结构合理化的影响不明显。

二、城市等级异质性

我国各个地区的经济水平与地区等级有较大的关联，省会城市、直辖市等高等级城市相比于一般等级城市在人力资本、生产要素、技术创新以及金融发展等多方面都具有比较优势，这些优势正是产业结构转型升级的重要动力。基于此，本章进一步对不同等级城市的政策效应进行验证。对城市等级的划分，参照刘瑞明（2015）的做法，将城市划分为两类，按照城市等级将省会城市、副省会城市和"较大的市"归为高等城市，其他城市则为一般城市。表7-12第（4）、第（5）列为科技金融政策对产业结构高级化城市等级分样本回归的结果。结果表明，无论是高等级城市还是一般等级城市的政策效应均显著为正，但政策效应的系数大小有较大差别，科技金融政策对高等级城市的产业结构高级化的促进作用更大，起到了"锦上添花"的效果。表7-13第（4）、第（5）列为科技金融政策对产业结构合理化城市等级分样本回归的结果。结果表明，无论是高等城市还是一般等级城市的政策效应均不显著，说明由于当前我国技术创新能力不足和生产效率低等问题的存在，加之高端人才的稀缺，从而无法形成强大的产业链体系，也无法缩短产业之间的偏离度。在这种情况下，科技金融政策的实施即使能够凭借通过金融扶持为高技术企业提供资金扶持和营造良好的创新环境，但仍难以在短时间内提高产业间的耦合质量，无法提高产业间的关联度，进而对促进产业结构合理化的影响不明显。

第四节　科技金融政策对城市产业结构转型升级的影响机制检验

通过前文分析，我们得出科技金融政策的实施能推动产业结构转型高级化，对产业结构合理化不显著。那么，我们需要厘清科技金融政策是通过何种机制促进产业结构高级化。根据前文的机制分析，接下来，对技术创新和金融发展的中介效应进行检验。

一、中介变量说明

根据前文的机制分析，我们发现科技金融政策通过技术创新和金融发展推动产业结构高级化。所以，本章将技术创新和金融发展作为中介变量进行检验。因为在科技金融政策的实施中，政府明确提出重点扶持新兴产业，缓解创新企业的融资问题，提高金融支持企业创新。这为企业的创新提供了保障，进而提高企业的生产效率，促进战略性新兴产业的发展，推动产业结构向高级化发展。本章的技术创新采用复旦大学产业发展研究中心寇宗来教授在《中国城市和产业创新力报告》中公布的城市创新指数来衡量，由于报告中仅公布了 2005 ～ 2016 年的城市数据，本书在 2016 年城市创新指数的基础上采用五年几何增长率测算 2017 年城市创新指数。本书的金融发展借鉴 Goldsmith（1969）的做法，采用金融相关率来衡量。

二、中介效应模型构建

根据温忠麟和张雷（2006）对中介效应的研究，本书构建中介效应的思路有以下四个：①将产业结构作为被解释变量，科技金融政策作为核心解释变量，如果科技金融政策的回归系数显著为正，那么表明科技金融政策能促进产业结构转型升级。②分别将技术创新和金融发展作为中介变量，分析科技金融政策对技术创新和金融发展的影响。如果系数为正，那么表明科技金融政策能推动城市的技术创新和金融发展。③用技术创新和金融发展作为核心解释变量，分别检验科技创新和金融发展对产业结构的影响，如果结果显著为正，那么表明技术创新和金融发展推动了城市产业高级化。④将技术创新、金融发展和科技金融政策作为核心解释变量，对产业结构进行回归，来观察政策变量的系数，并与模型 1 进行比较，如果系数减小或者显著性水平下降，就说明是中介变量在发挥作用。按照上文的思路，模型构建如下：

$$ais_{i,\ t} = \beta_0 + \beta_1 T \times G + \sum_{N=1}^{N} \lambda_N X_{i,\ t} + \mu_t + \tau_i + \zeta_{i,\ t} \qquad （7\text{--}4）$$

$$mediator_{i,\ t} = \alpha_0 + \alpha_1 T \times G + \sum_{N=1}^{N} \gamma_N X_{i,\ t} + \mu_t + \tau_i + \zeta_{i,\ t} \qquad （7\text{--}5）$$

$$ais_{i,\ t} = \delta_0 + \delta_1 mediator + \sum_{N=1}^{N} \theta_N X_{i,\ t} + v_{i,\ t} \qquad （7\text{--}6）$$

$$ais_{i,\ t} = \eta_0 + \eta_1 T \times G + \eta_2 mediator + \sum_{N=1}^{N} \pi_N X_{i,\ t} + \mu_t + \tau_i \qquad （7\text{--}7）$$

其中，$ais_{i,\ t}$ 表示产业结构水平；T 表示科技金融政策的时间虚拟变量，2011 年之前为 0，之后为 1；G 表示科技金融政策的组间虚拟变量，被试点的城市为 1，未被试点的城市为 0；$T \times G$ 表示科技金融政策的政策变量；X 表示一组控制变量；$mediator$ 表示中介变量，在本文中为技术创新（inno）和金融相关率（finan）。

三、中介效应结果分析

表 7-14 为金融发展作为中介变量的估计结果，第（1）列为模型 (6-4) 的回归结果，与前文基准回归模型的结果一致，即科技金融政策能促进产业结构高级化。第（2）列结果表明金融发展能显著促进产业结构高级化。第（3）列为同时加入金融发展和科技金融政策的回归结果，可知政策变量的回归系数为 0.1412，金融发展的回归系数为 0.0085，且均通过了 1% 的显著性水平。这说明，科技金融政策对产业结构高级化的推动作用，确实是通过金融发展中介变量传导而发挥作用，这与本章的预期一致，验证了本章提出的假说 1。

表 7-14　基于金融发展的中介效应

	ais	ais	ais
did	0.1367*** (0.0167)	—	0.1412*** (0.0166)
finan	—	0.0079*** (0.0014)	0.0085*** (0.0014)
lnedu	−0.2062*** (0.0214)	−0.1878*** (0.0216)	−0.2003*** (0.0214)
ftp	0.0985*** (0.0242)	0.1111*** (0.0243)	0.0964*** (0.0242)
lnpeople	0.0074 (0.0198)	0.0444** (0.0204)	0.0339* (0.0203)
_cons	6.1980	5.6932	5.6855
时间固定效应	Y	Y	Y
城市固定效应	Y	Y	Y
N	3497	3497	3497
R^2	0.3408	0.3330	0.3476

表 7-15 为技术创新作为中介变量的估计结果，第（1）列为模型（6-4）的回归结果，与前文基准回归模型的结果一致，即科技金融政策能推动产业结构高级化。第（2）列为模 (6-5) 的回归结果，政策变量的回归系数显著为正，这说明科技金融对技术创新有推动作用。第（3）列为模型（6-6）的回归结果，结果表明技术创新能显著促进产业结构高级化。第（4）列为模型（6-7）的结果，政策变量的回归系数为 0.0918，技术创新的回归系数为 0.0008，且均通过了 1% 的显著性水平。而模型 1 政策变量的系数为 0.1412，模型 4 加入技术创新中介变量后，政策变量的系数约下降了 0.05 个百分比。这说明，科技金融政策对产业结

构高级化具有推动作用，确实是通过技术创新的传导，这与本章的预期一致，验证了本章提出的假说2。

表 7-15　基于创新驱动的中介效应

	产业结构	创新	产业结构	产业结构
did	0.1412*** (0.0166)	60.8091*** (3.1573)	—	0.0918*** (0.0173)
inno	—	—	0.0009*** (0.0000)	0.0008*** (0.0000)
finan	0.0085*** (0.0015)	−0.2006 (0.2794)	0.0083*** (0.0014)	0.0086*** (0.0014)
lnedu	−0.2003*** (0.0214)	−4.2266 (4.0600)	−0.1889*** (0.0212)	−0.1969*** (0.0211)
ftp	0.0964*** (0.0242)	43.3826*** (4.5796)	0.0629*** (0.0243)	0.0611*** (0.0242)
lnpeople	0.0339* (0.0203)	6.4359* (3.8509)	0.0338** (0.0201)	0.2864 (0.0201)
_cons	5.6855	424.5902	5.3605	5.5364
时间固定效应	Y	Y	Y	Y
城市固定效应	Y	Y	Y	Y
N	3497	3497	3497	3497
R^2	0.3476	0.1890	0.3575	0.3630

本章小结

本章在前文研究的基础上，选取 2005～2017 年城市面板数据，采用双重差分法（DID）考察中国在 2011 年以后实施的科技金融政策对产业结构转型升级的影响及作用机制。研究结论有以下四个：

第一，科技金融政策对产业结构转型升级的基准回归和 PSM-DID 回归结果显示。科技金融政策的实施显著促进试点城市的产业结构高级化，且政策实施效果随时间呈递增趋势。然而，科技金融政策对产业结构合理化仅在当期以及滞后一期影响显著，其余均不显著。总体而言，科技金融政策对产业结构合理化的影响不明显。

　　第二，通过改变样本区间、样本时间、剔除具有异质性的样本、安慰剂检验等一系列检验发现，科技金融政策实施对产业结构转型升级的效果具有稳健性，进一步验证本章基准回归结果的准确性。

　　第三，科技金融政策对产业结构高级化的实施效果具有区域异质性和城市等级异质性，东部地区和高等级城市的政策实施效果较明显，西部地区和一般等级城市的政策实施效果不明显。另外，科技金融政策对于产业结构合理化具有区域异质性，然而对于城市等级不具有明显的一致性，对高等级城市和一般等级城市产业结构合理化的实施均没有明显效果。

　　第四，通过构建中介效应模型进行机制分析，结果表明技术创新和金融发展在科技金融政策实施推动产业结构高级化过程中发挥中介作用。科技金融政策的实施，政府明确提出重点扶持新兴产业，缓解创新企业的融资问题，提高金融支持企业创新。这为企业的创新提供了保障，进而提高企业的生产效率，推动产业结构向高级化发展。

第八章

研究结论与政策建议

第一节　研究结论

科技金融作为创新资源配置的核心，通过融合创业投资、银行信贷、多层次资本市场等多元化金融资源共同支持企业开展技术创新，带动科技企业加快成长和新兴产业加速扩张。当前，我国经济处于高质量发展的新阶段，要求转变经济发展方式，通过改进生产效率，实现生产向中高端发展模式的转型，这些对科技与金融的深度融合提出了更高要求。与此同时，中国改革开放 40 多年来，产业体系也经历了巨大变化，第一、二、三产业产值比例从 1978 年的 28：48：24 变至 2020 年的 8：38：54，实际国内生产总值从 1978 年的 3678.7 亿元增至 2020 年的 1015986.2 亿元，产业规模不断扩大，产业结构逐步优化，产业层次明显提升。各经济部门从封闭走向开放，从传统走向现代，取得了举世瞩目的成就。然而，在中国经济取得伟大成就的背后，还面临着第二产业大而不强，缺乏核心技术，产品附加值低，重要领域和产品处于全球价值链分工的低端位置，产业结构的转型升级任重道远。目前中国正处于从"工业 2.0"向"工业 3.0"迈进的关键时期，中国经济要实现从粗放增长向集约增长转变，从"中国制造"向"中国智造"转变，势必对目前的产业结构提出新的要求。基于此，本书从理论上考察了科技金融对产业结构转型升级的影响，并在此理论机制的基础上研究了科技金融对产业结构转型升级的影响渠道，提出研究假说。首先，本书进一步采用 Global 超效率的 SBM 模型对科技金融效率进行测度，超效率 SBM 模型克服了传统 DEA 的缺陷，基于非径向的角度，考虑松弛变量模型，解决不同时期科技金融效率的可比性问题。其次，在考虑科技金融对产业结构转型升级多重影响的基础上，综合采用广义最小二乘模型（FGLS）、面板分位数模型、空间杜宾模型（SDM）、双重差分模型（DID）和倾向得分匹配双重差分法（PSM–DID）等方法研究了科技金融对产业结构转型升级的基本影响、空间影响和政策影响。最后，基于中介效应模型对科技金融影响产业结构转型升级的传导机制予以检验，以验证理论分析提出的研究假说。本书得到以下研究结论。

一、科技金融对产业结构转型升级的直接影响

科技金融对产业结构转型升级的直接影响结果表明，科技金融能显著推动产业结构高级化，说明科技金融效率越高，金融发展将通过信贷引导资金的流动，为现代企业部门提供资金支持，促使现代技术部门增加对研发的投入，推动经济资源从传统部门流向现代技术部门，从工业流向服务业。此外，在技术创新的"学习效应""分工效应"和"扩散效应"的作用下，能够扩大知识密集型产业的发展规模，有利于产业结构向"服务化"方向发展，推动产业结构高级化。当加入控制变量后，金融发展能力和对外开放水平有利于推动产业结构高级化。同时，科技金融能够缩小产业间的偏离度，有利于产业结构合理化。说明科技金融效率的提高，能够整体提升产业之间的协调度和聚合质量。金融发展能够为新兴行业的融资提供便利，提供技术创新优化资源配置，促进要素在产业间合理流动，进而提高产业间的聚合质量，有利于促进产业结构合理化。加入控制变量后，金融发展能力、政府规模、经济发展水平和基础设施建设有利于促进产业结构合理化。

进一步地，通过分位数回归模型进一步说明科技金融能显著促进低分位数上产业结构的高级化及合理化，对于高分位数上产业结构高级化和合理化的促进作用不明显，分位数回归与基准回归模型结论一致，这意味着要持续推动高分位数上产业结构的高级化和合理化，需要继续提高我国的科技金融效率。

此外，在区域异质性分析中，对于东部地区，科技金融能显著提高产业结构的高级化，但对于产业结构合理化影响不显著；对于中部地区，科技金融对产业结构的高级化与合理化的影响均不显著；对于西部地区而言，科技金融对产业结构和高级化与合理化均具有显著影响。说明科技金融为西部地区产业结构的转型升级发挥了"雪中送炭"的作用。强度异质性分析表明，整体而言，科技金融能推动产业结构转型升级，但对于科技金融效率较高的地区产业结构合理化不显著；科技金融低效率组能显著降低产业间的偏离度，推动产业结构的合理化，这进一步说明科技金融效率具有"雪中送炭"的作用，而不具有"锦上添花"的作用。

二、科技金融对产业结构转型升级的空间影响

首先，通过引入空间因素，采用空间 Durbin 模型研究科技金融对中国产业结构转型升级的空间效应。在对空间效应进行分析之前，对核心变量进行空间自相关检验。在空间关联网络权重下，科技金融效率呈现出明显的空间溢出模式；产业结构高级化和合理化在空间邻接权重、地理距离权重、经济地理权重和空间关联网络权重下相关系数均为正，通过 1% 显著性水平检验，产业结构高级化和合理化具有正向空间自相关性。

其次，采用空间 Durbin 模型研究科技金融对产业结构转型升级的空间效应。结果表明：当考虑到空间因素后，科技金融对产业结构高级化回归系数为正且通过显著性检验，对产业结构泰尔指数的回归结果显著为负。整体而言，科技金融通过"学习效应"和"示范效应"不仅对本地产业结构的高级化和合理化具有促进作用，而且对邻近地区产业结构的高级化和合理化也具有推动作用。

最后，对科技金融促进产业结构转型升级的空间效应进行分解。结果表明，科技金融对产业结构高级化的直接效应、间接效应和总效应均显著为正。说明本地区产业结构高级化水平的提高，不仅来自于本地区科技金融的影响，而且在很大程度上受邻近地区科技金融的影响。科技金融对产业结构泰尔指数的直接效应、间接效应和总效应显著为负。说明科技金融政策能够缩小本地产业结构的偏离度，有利于促进产业结构合理化，而且相邻地区科技金融效率的提高对本地产业结构合理化也具有积极影响。

三、科技金融对产业结构转型升级的政策影响

科技金融是促进科技研发、成果转化和高技术产业发展的金融工具、金融政策及相关服务构成的系统性安排，是提供金融资源的主体及相应行为活动构成的完整体系（赵昌文等，2009）。为推动科技与金融融合，科技部、中国人民银行等相关部门于 2011 年研究决定在 16 个省份首批开展科技金融相结合的试点工作。为实施创新驱动发展战略，实现经济由高速度向高质量发展转变，科技部、中国人民银行等相关部门于 2016 年选择在郑州、厦门等 9 个城市开展第二批促进科技与金融相结合的试点工作。随着科技金融政策的加速推进，科技金融对产业结构转型升级的政策影响不容忽视。本书将科技金融政策作为准自然实验，采用双重差分法（DID）考察 2011 年以来实施的科技与金融结合政策对产业结构转型升级的影响。主要体现在以下五个方面：

第一，在使用 DID 方法评估科技金融政策对产业结构转型升级的效应时，DID 要满足平行趋势假定。即在科技金融政策实施之前，也就是 2011 年之前实验组与控制组没有差异，实验组和控制组存在同质性。因此，本书通过对科技金融与产业结构高级化和合理化的平行趋势检验，结果表明科技金融政策实施之前实验组和对照组的产业结构没有差异，满足平行趋势假设。紧接着，本书采用双向固定模型进行基准回归，回归结果表明科技金融政策对产业结构高级化具有显著的促进作用。此外，金融相关率、全要素生产率及人口密度对产业结构具有推动作用，并且通过对城市进行聚类调整及加入省份虚拟变量与时间的交互项进行检验时，结果政策变量的系数没有变化，说明基准回归结果可信。与此同时，科技金融政策对产业结构合理化的影响不显著，即科技金融政策并未促进产业结构合理化。原因在于科技金融政策在实施初始，可能未综合考虑区位优势及比较优势，导致金融资源的流动不合理，产业间的协调能力和关联度仍然不高。

第二，本书进一步利用倾向得分匹配法（PSM-DID）对实验组和控制组进行校准，具体为采用近邻匹配（Neighbor Matching）、半径匹配（Radius Matching）和核匹配（Kernel Matching）三种匹配方式。结果表明无论采用何种匹配方式，科技金融政策的实施对产业结构高级化的影响均为正值并且通过 1% 显著性水平检验，而对产业结构合理化的影响均不显著，从而进一步支撑了本书的结论。

第三，通过改变样本区间、改变样本时间、剔除具有异质性的样本、剔除其他相似政策冲击的影响、安慰剂检验五个方面进行稳健性再检验，来降低政策效果评估的偏误，结果表明本书结论具有稳健性。

第四，科技金融政策的异质性分析，区域异质性研究结果表明，在经济发达的东部地区，科技金融政策对产业结构高级化有显著的推动作用，而且影响系数为 0.2280，远远高于全国平均水平，但中部地区的科技金融政策对产业结构高级化具有负向影响，西部地区政策效应不显著。与此同时，科技金融政策对于东部和西部地区的产业结构合理化的影响不显著，而对于中部地区产业结构的泰尔指数的回归系数为正，且通过 1% 显著性水平检验，说明科技金融政策显著抑制了中部地区的产业结构合理化，不利于提高中部地区产业间的耦合质量。城市等级异质性结果表明，对于产业结构高级化，无论是高等级城市还是一般等级城市的政策效应均显著为正；对于产业结构合理化，无论是高等级城市还是一般等级城市的政策效应均不显著。进一步说明，科技金融政策能显著推动产业结构高级化，而对产业结构合理化的影响不明显。

第五，通过构建中介效应模型对科技金融政策作用产业结构高级化的机制进行分析，机制分析结构表明，科技金融政策对产业结构高级化的推动作用，确实是通过金融发展和技术创新中介变量传导而发挥作用，这与本书的预期一致，同时验证了本书提出的研究假说。

第二节　政策建议

一、完善科技金融资金来源结构，提高科技金融效率

创新财政投入方式，充分发挥各类资金引导新兴产业发展的作用。科技金融作为创新资源配置的核心，其需求主体为高技术企业，供给主体为政府财政、银行机构、资本市场和创业担保机构等。完善科技金融资金来源结构，提高科技金融效率，不仅是为了弥补科技型企业的融资缺失，更是培育科技型企业从初创期到成熟期的孵化机制。一方面，要加快发展创业投资，引导民间资本、保险资金、境外资本等进入创投领域，提高各类资金对高技术企业的支持力度，完善创投退出机制，拓宽高技术企业的融资渠道。建立起高技术企业生命周期的服务链，为各阶段高技术企业的发展提供融资，解决企业融资难、融资贵的问题。另一方面，不断提升金融发展水平，为提升科技金融效率打下坚实基础。发展科技金融的产业导向作用关键在于打造一个统一、开放及竞争有序的金融服务体系。一定要放开市场准入，增强银行体系内的竞争力，致力于形成具有可持续性的科技信贷和科技银行。

强化银行体系与多层次资本市场的竞争，在激烈的竞争机制下，引导金融资源由传统行业流向新兴行业，从工业流向服务业，不断增强服务业的比重，实现金融资源向高技术企业的优化配置。同时，打破科技金融的区域性壁垒，加强地区间交流合作。各地区科技金融的发展相对孤立，高水平地区辐射能力较差。因此，要加强省域间科技金融效率的空间联动，高水平的区域要对其他地区形成良好对接，优势互补，发挥科技金融效率较高地区的辐射作用，促进科技金融效率的整体提升。

二、优化技术创新服务体系，深化创新驱动

本章机制分析表明，技术创新在科技金融推动产业结构转型升级中发挥中介作用。基础研究是产业突破技术创新的关键，由于基础研究投入资金高和产出成果周期时间长的特点，致使我国在基础性研究方面的投入远远不足，严重阻碍了我国在技术上的突破创新。虽然我国是专利大国，但与世界上其他发达国家相比，我国在自主创新领域仍然处于劣势，自主创新能力不足，在产业链的核心领域和关键环节存在技术障碍。因此，未来要加大对基础性、战略性和原创性研究的支持力度，优化研发经费投入结构，加强创新人才的培养，提升我国发明专利与产业创新的整体水平，优化技术创新服务体系，为引领产业结构转型升级提供长久动力。同时，在实现技术上的创新突破时，要注重提高基础产业的资源配置效率，着力推动区域创新协同发展，优化创新资源的空间分布，特别是加大对中西部地区创新的支持力度。加大先进管理经验和制度改进等配套措施的执行力度，为企业开展技术创新营造良好的外部环境，进而提高资源利用效率。在科技金融政策执行过程中，政府要优先扶持高技术企业，鼓励企业进行创新研发，提高自主创新能力。

同时，在优化技术创新服务体系，深化创新驱动之外，要重视先进地区科技金融的空间溢出和带动作用，充分发挥产业结构水平较高地区聚集平台优势，加强与周边地区的合作力度，充分发挥已有优势，扩大辐射范围。在科技金融推动产业结构转型升级中，着重发挥技术创新的"学习效应"和"空间溢出效应"。由于高端人力资本缺乏是阻碍中国产业结构转型升级的瓶颈，未来中国要建立灵活适宜的人才引进机制，完善和健全现有的人才引进机制，通过优厚的工资待遇或人才补贴引进高端人才，提升中国人力资本积累，以满足企业进行技术创新对高端人力资本的需求。同时，要改善人力资本在东部地区过于集中的客观事实，平衡人力资本在东、中和西部地区的分布，以发挥科技金融对产业结构转型升级的平衡带动作用。

三、继续深化改革，实现科技与金融的有效对接

继续深化改革，实现科技与金融的有效对接，持续推进产业结构转型升级的保障政策。为更好地发挥科技金融政策效果，加快科技成果转化，不同部门间应建立利益共赢的联动机制，克服企业与金融机构的信息不对称问题，充分调动金融部门参与企业的技术性项目，促进科技成果的专业化和产业化。以科技与金融

结合试点为契机，构建有效的科技金融政策体系。在科技金融政策实施过程中，注重产业链技术水平的整体提升，利用科技金融服务平台，为科技型企业提供政策、产权和法制等方面的统一保障，形成具有中国特色的科技金融服务体系，为投资者与科技型企业搭建起合作的桥梁。

不断优化科技金融的政策环境，加强科技与金融的结合，加快科技成果的转化，进而促进新兴产业的发展。加快科技成果的转化不仅需要以市场需求为依托，还需要加快科技成果转化平台建设。大力发展现代信息技术，结合大数据、人工智能、物联网等前沿技术打造多元化的科技转化平台，实现科技成果的规模化、产业化经营，带动产业结构向中高端迈进。与此同时，强化部门间的协调性，实现科技和金融的协调配合机制，形成由政府牵头，科技、财税、金融等部门共同参与、协调的工作机制。

四、明确各地区的经济发展特征，注重区域协调发展

中国区域经济发展不平衡，不同城市由于其经济、科技和金融发展差异较大，不同地区的科技金融效率具有明显的区域异质性，科技金融对产业结构转型升级的作用效果也有明显的差别。要实现区域协调发展，首先需要明确各地区的经济发展特征，进行精准定位。其次因地制宜地结合不同地区的区位条件、技术水平、发展目标及产业之间的关联程度，合理配置资源。

东部地区具有良好的区位优势和产业优势，科技金融效率较高，科技金融政策的实施效果也较为理想，要继续加大对技术创新的支持力度，在保持东部地区科技金融效率提升的过程中要积极扮演"引领者"的角色。中西部地区传统产业浓厚，经济发展水平较低，在科技金融效率的提升过程中一直处于"追随者"的角色，对于这些地区要打破产业结构转型升级的路径依赖，适当加大向中西部地区倾斜的财政支持力度，加强对中西部地区技术创新的投入力度，优化创新资源的空间分布。地方政府还可以采取风险补偿、补贴等多种方式，引导资金更大力度地支持技术创新，注重区域协调发展。同时，要增强东部地区对中西部地区的政策辐射作用，缩小科技金融效率区域差距，最大化释放政策红利，推动产业结构转型升级。

五、正确理顺政府和市场的关系，坚持市场决定与政府调节相结合

在推进产业结构转型升级中，政府的财政支持与金融市场效率提升之间存在

互补的关系，在促进科技与金融融合发展时，应正确理顺政府和市场的关系，始终坚持市场决定与政府调节相结合的发展策略。在科技金融的发展中，政府主要是通过完善科技金融服务平台和社会信用体系等方式将财政嵌入金融交易结构，改善科技金融的风险收益结构，从而为发挥市场的决定作用创造条件。具体而言：一方面，要坚持市场在资源配置中的决定性作用，运用市场的资源配置和竞争机制，引导资金的市场化运作；另一方面，政府要优先扶持科技型企业，鼓励企业进行创新研发，提高自主创新能力，使政府财政资源更多地向创新部门优化配置，以市场和政府合力促进科技金融的融合。

未来的政府部门将尽量减少对管理具体的科研项目，采用专门机构、资源配置中心或基金等方式，把项目的立项权、管理权和监督权交由中间部门执行，在这种管理模式下，将带给科技管理部门和投资者多层次的机会。此外，在科技金融助推产业结构转型升级过程中，要综合考虑区位优势和产业发展的协调能力，注重协调产业间的关联程度和耦合质量，规范产业发展，积极引导生产要素在产业间的合理流动和高效配置，推动产业结构向合理化方向发展。同时，要强化对高技术产业的组织管理，改变当前各地区之间市场条块分割的局面，统一制定长远的发展规划，打破以往束缚企业进行技术突破的机制体制，加速生产要素和技能人才在区域间的流动，为企业发展营造一个自由竞争的市场环境。另外，在产业发展中，自由竞争的市场环境有利于提高产业的劳动生产率，尤其是提高第三产业的劳动生产率，将加速产业结构向高级化和合理化方向发展，推动产业结构转型升级。

第三节　研究不足与展望

本书的研究不足主要体现在以下三个方面：

第一，仅对中国省级层面的科技金融效率进行了测度，这主要是因为本书科学处理投入与产出指标，在此基础上构建超效率 SBM 模型，将不同时期的决策单元在最佳生产前沿下进行测度。由于指标体系所需的数据在省级层面具有较好的可获得性，而地级市层面的数据较难获得。未来随着地级市层面相关科技金融数据的逐步公开，可将科技金融效率的测算延伸至地级市层面。

第二，科技金融对产业结构转型升级的影响机制较复杂，涉及的要素较多，如何选择合适的变量和计量模型将这些影响路径全面地反映出来无疑具有一定的挑战，本章仅在理论层面分析科技金融通过金融发展和技术创新影响产业结构转型升级，未能通过构建梳理模型解释其内在作用机制，这是未来需要进一步强化的部分。

第三，虽然本章的研究重点是科技金融对产业结构转型升级的影响研究，而且采用多种实证模型深入分析科技金融对产业结构转型升级的基本影响、空间影响和政策影响，但由于数据的可获得性等各种不可量化因素的限制，未能对科技金融影响产业结构转型升级过程中的微观机制进行量化分析。随着未来更多数据的公布与获得性，对该影响背后的微观机制分析将是学术界研究的重点。

参 考 文 献

［1］ Acemoglu, D, V Guerrieri. Capital Deepening and Non-balanced Economic Growth[J]. Journal of Political Economy, 2008(116): 467–498.

［2］ Alvarez-Cuadrado F, Poschke M. Structural Change out of Agriculture: Labor Push Versus Labor Pull [J]. American Economic Journal: Macroeconomics, 2011, 3(3): 127–158.

［3］ Alvarez-Cuadrado F, Van Long N, Poschke M. Capital-labor Substitution, Structural Change and the Labor Income Share[J]. Journal of Economic Dynamics and Control, 2018(87): 206–231.

［4］ Altenburg T, Schmitz H, Stamm A. Breakthrough? China's and India's Transition from Production to Innovation[J]. World Development, 2008, 36(2):325–344.

［5］ Alvarez-Cuadrado, Francisco, Ngo Van Long, and Markus Poschke. Capital-Labor Substitution, Structural Change, and Growth[J]. Theoretical Economics, 2017(12): 1229–1266.

［6］ Allen F, Qian J, Qian M. Law, Finance, and Economic Growth in China[J]. Journal of Financial Economics, 2005, 77(1): 57–116.

［7］ Allen F, Gale D. Financial Contagion[J]. Journal of Political Economy, 2000, 108(1): 1–33.

［8］ Allen F, Demirguc-Kunt A, Klapper L, et al. The Foundations of Financial Inclusion: Understanding Ownership and Use of Formal Accounts[J]. Journal of Financial Intermediation, 2016(27): 1–30.

［9］ Alvarez-Cuadrado F, Van Long N, Poschke M. Capital-labor Substitution, Structural Change, and Growth[J]. Theoretical Economics, 2017, 12(3): 1229–1266.

［10］ Amore M D, Schneider C, Žaldokas A. Credit Supply and Corporate Innovation[J]. Journal of Financial Economics, 2013, 109(3): 835–855.

［11］ Amoako K Y. Growth Identification and Facilitation: The Role of the State in the Dynamics of Structural Change Comment[J]. Development Policy Review, 2011, 29(3):295–297.

［12］ Anselin L, Rey S. Properties of Tests for Spatial Dependence in Linear Regression Models[J]. Geographical Analysis, 1991, 23(2): 112–131.

［13］ Anselin L. Lagrange Multiplier Test Diagnostics for Spatial Dependence and Spatial Heterogeneity[J]. Geographical Analysis, 1988, 20(1): 1–17.

［14］ Antzoulatos, Angelos A, N Apergis, C Tsoumas. Financal Structure and Industral Structure [J]. Bulletin of Economic Research, 2011, 63(2): 109–139.

［15］ Ang J B. Research, Technological Change and Financial Liberalization in South Korea [J]. Journal of Macroeconomics, 2010, 32(1): 457–468.

［16］ Arrow K J. The Economic Implications of Learning by Doing[J]. The Review of Economic Studies, 1962, 29(3): 155–173.

［17］ Allen F, Gale D. Financial Contagion[J]. Journal of Political Economy, 2000, 108(1): 1–33.

［18］ Ahmadpoor M, Jones B F. The Dual Frontier: Patented Inventions and Prior Scientific Advance[J]. Science, 2017, 357(6351): 583–587.

［19］ Alvarez–Cuadrado F, Poschke M. Structural Change out of Agriculture: Labor Push Versus Labor Pull[J]. American Economic Journal: Macroeconomics, 2011, 3(3): 127–158.

［20］ Balassa B. Tariff Protection in Industrial Countries: An Evaluation[J]. Journal of Political Economy, 1965, 73(6): 573–594.

［21］ Balassa B. A 'Stages Approach' to Comparative Advantage Economic Growth and Resources: Volume 4: National and International Policies[M].London: Palgrave Macmillan, 1979: 121–156.

［22］ Banalieva, E R, C Dhanaraj.Internalization Theory for the Digital Economy [J]. Journal of Internationl Business Studies, 2019, 50(8):1372–1387.

［23］ Baumol, Willianm J, Macroeconomics of Unbalanced Growth: The Anatomy of Urban Crisis [J]. American Economics Review, 1967, 57(3):415–426.

［24］ Bencivenge V R, Smith B D.Financial Intermediation and Endogeous Growth [J].The Review of Economic Studies, 1991, 58(2):195–209.

［25］ Bencivenge V R, Smith B D.Economic Development and Financial Depth in a Model with Costly Financial Intermediation [J].Research in Economics, 1998, 52(4):353–386.

［26］ Bencivenga V R, Smith B D. Unemployment, Migration, and Growth[J]. Journal of Political Economy, 1997, 105(3): 582–608.

［27］ Beaudry, C, Breschi, S. Are Firms in Clusters Really More Innovative?[J].Economics of Innovation and New Technology, 2003, 12(4):325–342.

［28］ Beck T, Levine R, Loayza N. Finance and the Sources of Growth[J]. Journal of Financial Economics, 2000, 58(1–2): 261–300.

［29］ Bernard, A B, Smeets, V., Warzynski, F. Rethinking Deindustrialization. [J].Economic Policy,

2017, 32(89):5-38.

[30] Boppart, Timo. Structural Change and the Kaldor Facts in a Growth Model with Relative Price Effects and Non-Gorman Preferences [J]. Econometrica, 2014, 82(6):2167-2196.

[31] Buera, Francisco J, Kaboski, et al. The Rise of the Service Economy[J]. American Economic Review, 2012, 102(6):2540-2569.

[32] Caselli F, Coleman W J. Cross-country Technology Diffusion: The Case of Computers[J]. American Economic Review, 2001, 91(2): 328-335.

[33] Chen, G. Silva Reginal Impacts of High-seed Rail:A Review of Methods and Models [J]. Transportation Letters the International Journal of Transportation Research, 2013, 5(3): 131-143.

[34] Clark, C. The Conditions of Economic Progress[M]. London:Macmillan, 1940.

[35] Clccone A, Papaioannou E.Human Capital, the Structure of Production, and Growth[J].The Review of Economics and Statistics, 2009, 91(1):66-82.

[36] Colin Clark.The Conditions of Economic Progress[M].London:Macmillan & Co., 1940:182-183.

[37] Comin D, Lashkari D, Mestieri M. Structural Change with Long-run Income and Price Effects[J]. Econometrica, 2021, 89(1): 311-374.

[38] Comi, D. Nanda, R. Financial Development and Technology Diffusion [J]. IMF Economic Review, 2019, 67(2):395-419.

[39] Comin D, Lashkari D, Mestieri M. Demand-Pull, Technology-Push, and the Sectoral Direction of Innovation[C]. Lodon: Society for Economic Dynamics, 2016.

[40] Da Rin M, Hellmann T. Banks as Catalysts for Industrialization[J]. Journal of Financial Intermediation, 2002, 11(4): 366-397.

[41] Diamond D W. Financial Intermediation and Delegated Monitoring[J]. The Review of Economic Studies, 1984, 51(3): 393-414.

[42] Diamond D W. Monitoring and Reputation:The Choice between Bank Loans and Directly Placed Debt [J].Journal of Political Economy, 1991, 99(4):689-721.

[43] Diamond D W, Dybvig P H. Bank Runs, Deposit Insurance, and Liquidity[J]. Journal of Political Economy, 1983, 91(3): 401-419.

[44] Duggal V G, C Saltzman, L, R Klein. Infrastructure and Productivity : An Extension to Private Infrastructur and IT Productivity [J].Journal of Econometrics, 2006, 140(2):485-502.

[45] Dagum C. Decomposition and Interpretation of Gini and the Generalized Entropy Inequality Measures[J]. Statistica, 1997, 57(3): 295-308.

［46］ Duarte M, Restuccia D. The Role of the Structural Transformation in Aggregate Productivity[J]. The Quarterly Journal of Economics, 2010, 125(1): 129–173.

［47］ Echevarria, Cristina.Change in Sectoral Composition Associated with Economic Growth [J]. International Economics Review, 1997, 38(2):431–452.

［48］ Enos J L. Invention and Innovation in the Petroleum Refining Industry[M]. London: National Bureau of Economic Research, 1962.

［49］ Fabio, Montobbio, R. Francesco. The Impact of Technology and Structural Change on Export Performance on Nine Developing Coutries [J]. Economics and Quantitative Methods, 2002, 33(4): 527–547.

［50］ Fisher, A G B. Production, Primary, Second–ary and Tertiary [J].The Economic Record, 1939:24–38.

［51］ Fuerst M E. Technological Innovation and the Design of the Financial System[D]. Michigan: University of Michigan, 1999.

［52］ Foellmi R, J Zweimüller. Structural Change and the Kaldor Facts of Economic Growth[R]. London: IEW–Working Papers, 2002.

［53］ Foellmi, Reto, Josef Zweim Uller. Structural Change, Engelars Consumption Cycles and Kaldorars Factors of Economic Growth [J]. Journal of Monetary Economics, 2008, 55(7): 1317–1328.

［54］ Foster L, Haltiwanger J, Syverson C. Reallocation, Firm Turnover, and Efficiency: Selection on Productivityor Profitability?[J]. Social Science Electronic Publishing, 2008, 98(1):394–425.

［55］ Goldin C, Katz L F. The Origins of Technology–skill Complementarity[J]. The Quarterly Journal of Economics, 1998, 113(3): 693–732.

［56］ Goldsmith R W. Financial Structure and Development[J]. Studies in comparative economics, 1969(1):114–123.

［57］ George G, Prabhu G N. Developmental Financial Institutions as Technology Policy Instruments: Implications for Innovation and Entrepreneurship in Emerging Economies[J]. Research Policy, 2003, 32(1):89–108.

［58］ Gurley J G, Shaw E S. Financial Intermediaries and the Saving–investment Process [J].Journal of Finance, 1956, 11(2):257–276.

［59］ Gurley J G, Shaw E S. Financial Aspects of Economic Development [J].American Economic Review, 1955, 45(4):515–538.

［60］ Greenwood, J, B Jovanovic. Financial Development, Growth, and the Distribution of Income[J]. Journal of Political Economy, 1990, 98(5): 1076–1107.

［61］ Greenwood, J Smith B D. Financial Markets in Development, and the Developmenr of Financial Markets[J]. Journal of Economic Dynamics and Control, 1997, 21(1): 145−181.

［62］ Greenwood, J Sanchez J M, Wang C. Financial Development: The Role of Information Costs[J]. American Economic Association, 2010, 100(4): 1875−1891.

［63］ Greunz L. Industrial Structure and Innovation—Evidence from European Regions[J]. Journal of Evolutionary Economics, 2004, 14(5): 563−592.

［64］ Grossman G M, Elhanan H. Quality Ladders and Product Cycles[J]. Quarterly Journal of Economics, 1991(2):557−586.

［65］ Gertler M S, Oinas P, Storper M, et al. Discussion of Regional Advantage: Culture and Competition in Silicon Valley and Route 128 by Anna Lee Saxenian[J]. Economic Geography, 1995, 71(2): 199−207.

［66］ Graetz, G, G Michaels.Robots at Work [J].Review of Economics and Statistics, 2018, 17(1):755−768.

［67］ Hesterly W, Barney J B, Pearson. Strategic Management and Competitive Advantage: Concept and Cases with Mymanagementlab[J]. Pearson Schweiz Ag, 2015, 15(3):1−4.

［68］ Hellmann T, Murdock K, Stiglitz J. Financial Restraint: Toward a New Paradigm[J]. The Role of Government in East Asian Economic Development: Comparative Institutional Analysis, 1997, 12(1): 163−207.

［69］ Hall B H, Lerner J. The Financing of R&D and Innovation. Handbook of the Economics of Innovation[J]. North Holland, 2010(1): 609−639.

［70］ Hagedoorn J, Link A Vonortas NS, Research Partnerships [J]. Research Policy, 2000, 29(4−5): 567−686.

［71］ Hägerstrand T. A Monte Carlo Approach to Diffusion[J]. European Journal of Sociology/ Archives Européennes de Sociologie, 1965, 6(1): 43−67.

［72］ Hsu, P H, X Tian, Y Xu. Financial Development and Innovation: Cross Country Evidence [J]. Journal of Financial Economics, 2014, 112(1): 116−135.

［73］ Hausmann, R, J Hwang, D Rodrik. What You Export Matters [J]. Journal of Economic Growth, 2007, 12(1): 1−25.

［74］ Haddad E A, Samaniego J, Porsse A A, et al. Interregional Interdependence among Ecuadorian Provinces: An Input−Output Analysis[J]. Europe an Regional science Association, 2011, 10(1):73−80.

［75］ Hellmann T, Murdock K, Stiglitz J. Financial Sector Development Policy: The Importance of Reputational Capital and Governance[J]. Social science Electronic publishing, 1998, 3(1):129−231.

［76］ Hori T, Ikefuji M, Mino K. Conformism and Structural Change[J]. International Economic Review, 2015, 56(3):939-961.

［77］ Hoffman W G. The Growth of Industrial Economies[J]. Hitotsubashi Journal of Economics, 1970, 11(1):113-116.

［78］ Hyytinena A, Toivanen O. Do Financial Constraints Holdback Innovation and Growth? — Evidence on the Role of Public Policy[J]. Research Policy, 2005, 34(9): 1358-1403.

［79］ Hudson J C. A Location Theory for Rural Settlement[J]. Annals of the Association of American Geographers, 1969, 59(2): 365-381.

［80］ Imbs J, Montenegro C, Wacziarg R. Economic Integration and Structural Change[C].Political Economy Seminar, Toulouse, 2012.

［81］ Lin J Y. Industrial Policies for Avoiding the Middle-income Trap: A New Structural Economics Perspective[J]. Journal of Chinese Economic and Business Studies, 2017, 15(1): 5-18.

［82］ Jaffe A B, Trajtenberg, M Fogarty, M S. Knowledge Spillovers and Patent Citations: Evidence from a Survey of Inventors [J].American Economic Review, 2000, 90(2):215-218.

［83］ Kuznets S S. Modern Economic Growth : Rate, Structure, and Spread[J]. Journal of Political Economy, 1966, 37(145):475-476.

［84］ Koenker R, Basserr G.Regression Quantiles[J]. Economica, 1978, 46(1):107-112.

［85］ Kongsamut, P, S Rebelo, D Xie. Beyond Balanced Growth [J]. Review of Economic Studies, 2001(68):869-882.

［86］ King, R G, Levine R. Finance and Growth: Schumpeter Might be Right [J]. Quarterly Journal of Economics, 1993, 108(3): 717-737.

［87］ Krüger, J J. Productivity and Structural Change: A Review of the Literature [J]. Journal of Economic Surveys, 2008, 22(2): 330-363.

［88］ Krugman P. Increasing Returns and Economic Geography[J]. Journal of Political Economy, 1991, 99(3): 483-499.

［89］ LeSage J, Pace R K. Introduction to Spatial Econometrics[M]. London: Chapman and Hall, 2009.

［90］ Levine R. Financial Development and Economic Growth: Views and Agenda[J]. Journal of Economic Literature, 1997, 35(2): 688-726.

［91］ Levine R. Bank-based or Market-based Financial Systems: Which Is Better?[J]. Journal of Financial Intermediation, 2002, 11(4): 398-428.

［92］ Lee C K, Saxenian A. Coevolution and Coordination: A Systemic Analysis of the Taiwanese Information Technology Industry[J]. Journal of Economic Geography, 2008, 8(2): 157-180.

［93］ LeSage J P, Pace R K. A Matrix Exponential Spatial Specification[J]. Journal of Econometrics, 2007, 140(1): 190–214.

［94］ Lewis W A. Economic Development with Unlimited Supplies of Labor[J]. Manchester School of Economics and Social Studies, 1954(22):139–191.

［95］ Laeven, L, Levine, R, Michalopoulos. Financial Innovation and Endogenous Growth [J]. Journal of Financial Intermediation, 2015, 24(1): 1– 24.

［96］ Lahorgue M A , Cunha N D. Introduction of Innovations in the Industrial Structure of a Developing Region: The Case of the Porto Alegre Technopole? Home Brokers? Project[J]. International Journal of Technology Management & Sustainable Development, 2004, 2(3):191–204.

［97］ Lee, J Park C. Research and Development Linkages in a National Innovation System:Factors Affecting Success and Failure in Korea [J]. Technovation, 2006(26):1045–1054.

［98］ Levine R. Finance and Growth: Theory and Evidence[J]. Handbook of Economic Growth, 2005: 865–934.

［99］ Levine, R. Financial Development and Economic Growth: Views and Agenda[J]. Journal of Economic Literature, 1997, 35(2): 688–726.

［100］Lin J Y. New Structural Economics: A Framework for Rethinking Development[J]. The World Bank Research Observer, 2011, 26(2): 193–221.

［101］Lin J, Monga C, Velde D W, et al. DPR Debate: Growth Identification and Facilitation: The Role of the State in the Dynamics of Structural Change[J]. Development Policy Review, 2011, 29(3): 259–310.

［102］Lin J, Chang H J. Should Industrial Policy in Developing Countries Conform to Comparative Advantage or Defy It? A Debate between Justin Lin and Ha–Joon Chang[J]. Development Policy Review, 2010, 27(5):483–502.

［103］Lucas Jr R E. On the Mechanics of Economic Development[J]. Journal of Monetary Economics, 1988, 22(1): 3–42.

［104］Lucchese M. Innovation, Demand and Structural Change in Europe, [R]. Chicago: Working Paper, 2011.

［105］Motohashi K, Yun X. China's Innovation System Reform and Growing Industry and Science Linkages[J]. Research Policy, 2007, 36(8): 1251–1260.

［106］Marty A L. Gurley and Shaw on Money in a Theory of Finance[J]. Journal of Political Economy, 1961, 69(1): 56–62.

［107］Merton R C, Bodie Z. The Design of Financial Systems: Towards a Synthesis of Function and

Structure[J]. 2004, 25(7):326–334.

[108] Motohashi K, Yun X. China's Innovation System Reform and Growing Industry and Science Linkages[J]. Discussion Papers, 2005, 36(8):1251–1260.

[109] Montobbio F. An Evolutionary Model of Industrial Growth and Structural Change[J]. Structural Change and Economic Dynamics, 2002, 13(4): 387–414.

[110] McKinnon, R I. Money and Capital in Economic Development [M]. Boston: Brookings Institution, 1973.

[111] Merton R C, Bodie Z. The Design of Financial Systems: Towards a Synthesis of Function and Structure[J]. SSRN Electronic Journal, 2004, 3(10):1388–1389.

[112] Morrison A, Pietrobelli C, Rabellotti R. Global Value Chains and Technological Capabilities: A Framework to Study Learning and Innovation in Developing Countries[J]. Oxford Development Studies, 2008, 36(1):39–58.

[113] Morrill R L. Waves of Spatial Diffusion[J]. Journal of Regional Science, 1968, 8(1):13–19.

[114] Ngai, L R, C A Pissarides. Structural Change in a Multisector Model of Growth[J]. American Economic Review, 2007 (97): 429–443.

[115] Nambisan S, Wright M, Feldman M. The Digital Transformation of Innovation and Entrepreneurship: Progress, Challenges and Key Themes[J]. Research Policy, 2019, 48(8): 103–114.

[116] Pastor J T, Lovell C A K A Global Malmquist Productivity Index[J]. Economic Letters, 2005, 88(2): 266– 271.

[117] Peretto P F, Valente.Growth on a Finite Planet:Resources[J]. Technology and Population in the Long Run, 2015, 20(3):305–317.

[118] Perez C. Technological Revolutions and Financial Capital[M]. Cheltenham: Edward Elgar Publishing, 2003.

[119] Peneder M. Industrial Structure and Aggregate Growth[J]. Structural Change and Economic Dynamics, 2003, 14(4): 427–448.

[120] Porter M E. Competitive Advantage of Nations: Creating and Sustaining Superior Performance[M]. Simon and Schuster, 2011.

[121] Piesse J, Thirtle C. Sector–level Efficiency and Productivity in Hungarian Primary, Secondary, and Tertiary Industries, 1985–1991[J]. Eastern European Economics, 1997, 35(4): 5–39.

[122] Quah D. Galton's Fallacy and Tests of the Convergence Hypothesis[J]. The Scandinavian Journal of Economics, 1993(1): 427–443.

[123] Rajan, G. R.. Zingales I,. Financial Dependence and Growth [J].American Economic Review,

1998, 88(3): 559–586.

[124] Raustiala K, Sprigman C. The Knockoff Economy: How Imitation Sparks Innovation[M]. Oxford University Press, USA, 2012.

[125] Rin, M. D., and T. Hellmann. Banks as Catalysts for Industrialization[J]. Journal of Financial Intermediation, 2002, 11(4): 366–397.

[126] Robert C Merton. Financial Innovation and the Management and Regulation of Financial Institutions[J]. Social Science Electronic Publishing, 1995, 19(3–4): 461–481.

[127] Romer P M. Endogenous Technical Change[J]. Journal of Political Economy, 1990, 98(5):71–102.

[128] Rogers E M, Singhal A, Quinlan M M. Diffusion of Innovations[J]. An Integrated Approach to Communication Theory and Research. 2014(5): 432–448.

[129] Rogers E M, Williams D. Diffusion of Innovations[J]. Behaviour and information Technology, 1983, 33(7): 43–56.

[130] Reiskin E D, White A L, Johnson J K, et al. Servicizing the Chemical Supply Chain[J]. Journal of Industrial Ecology, 1999, 3(2–3): 19–31.

[131] Samila S, Sorenson O. Venture Capital, Entrepreneurship, and Economic Growth[J]. The Review of Economics and Statistics, 2011, 93(1): 338–349.

[132] Schumpeter J. The Theory of Economic Development [M].Cambridge, MA: Harvard University Press, 1921.

[133] Shaw E S. Financial Deepening in Economic Development [M]. New York: Oxford University Press, 1973.

[134] Shao S, Tian Z, Yang L. High Speed Rail and Urban Service Industry Agglomeration: Evidence from China's Yangtze River Delta Region[J]. Journal of Transport Geography, 2017(64): 174–183.

[135] Seyoum M, Wu R, Yang L. Technology Spillovers from Chinese outward Direct Investment: The Case of Ethiopia[J]. China Economic Review, 2015, 33(1): 35–49.

[136] Stephen Redding. Dynamic Comparative Advantage and the Welfare Effects of Trade[J]. Oxford economic pape, 1999, 51(1):15–39.

[137] Strulik H, Prettner K, Prskawetz A. The Past and Future of Knowledge–based Growth[J]. Journal of Economic Growth, 2013(18): 411–437.

[138] Sampsa, Samila, Olav, et al. Venture Captial, Entrepreneurship, and Economic Growth [J]. Review of Economics and Statistics, 2011, 93(1):338–349.

[139] Smith A. An Inquiry into the Nature and Causes of the Wealth of Nations[J]. Readings in

economic sociolog. 2002(1):6–17.

[140] Solo C S. Innovation in the Capitalist Process: A Critique of the Schumpeterian Theory[J]. The Quarterly Journal of Economics, 1951, 65(3): 417–428.

[141] Sposi M. Evolving Comparative Advantage, Sectoral Linkages, and Structural Change[J]. Journal of Monetary Economics, 2019(103): 75–87.

[142] Tadesse S. Financial Architecture and Economic Performance: International Evidence[J]. Journal of Financial Intermediation, 2002, 11(4): 429–454.

[143] Stokey N L. Learning by Doing and the Introduction of New Goods[J]. Journal of Political Economy, 1988, 96(4): 701–717.

[144] Schumpeter J A. Theory of Economic Development, English Translation of Schumpeter(1912) [M]. Boston: Harvard University Press, 1934.

[145] Tadesse S. Financial Architecture and Economic Performance: International Evidence[J]. Journal of Financial Intermediation, 2002, 11(4): 429–454.

[146] T Abramovitz M. Simon Kuznets 1901–1985[J]. The Journal of Economic History, 1986, 46(1): 241–246.

[147] Teece, D J. Technology Transfer by Multinatinal Firms:The Resource Cost of Transferring Technological Know–How [J].The Economic Journal, 1977(87): 242–261.

[148] Teixeira, A, A Queirós. Economic Growth, Human Capital and Structural Change: A Dynamic Panel Data Analysis [J]. Research Policy, 2016, 45(8): 1636–1648.

[149] Titman Sheridan, Roberto Wessels. The Determinants of Capital Structure Choice [J]. Journal of Inance, 1988(43): 1–19.

[150] Tokey N L. Learning by Doing and the Introduction of New Goods[J]. Journal of Political Economy, 1988, 96(4):701–717.

[151] Theil H, Uribe P. The Information Approach to the Aggregation of Input–output Tables[J]. The Review of Economics and Statistics, 1967(3): 451–462.

[152] Tone A. Devices and Desires: A History of Contraceptives in America[M]. London: Macmillan, 2002.

[153] Uy T, Yi K M, Zhang J. Structural Change in an Open Economy[J]. Journal of Monetary Economics, 2013, 60(6): 667–682.

[154] Vandermerwe S, Rada J. Servitization of Business: Adding Value by Adding Services[J]. European Management Journal, 1988, 6(4):314–324.

[155] Varum C A, Melo C. Directions in Scenario Planning Literature–A Review of the Past Decades[J]. Futures, 2010, 42(4): 355–369.

［156］安苑，王珺.财政行为波动影响产业结构升级了吗？——基于产业技术复杂度的考察
［J］.管理世界，2012（9）：19-35+187.

［157］白俊红，蒋伏心.协同创新、空间关联与区域创新绩效［J］.经济研究，2015，50（7）：
174-187.

［158］储德银，建克成.财政政策与产业结构调整——基于总量与结构效应双重视角的实证分
析［J］.经济学家，2014（2）：80-91.

［159］陈宇峰，贵斌威，陈启清.技术偏向与中国劳动收入份额的再考察［J］.经济研究，
2013，48（6）：113-126.

［160］陈体标.技术增长率的部门差异和经济增长率的"驼峰形"变化［J］.经济研究，2008，
43（11）：102-111.

［161］陈明华，刘华军，孙亚男.中国五大城市群金融发展的空间差异及分布动态：
2003～2013年［J］.数量经济技术经济研究，2016，33（7）：130-144.

［162］陈峰.论产业结构调整中金融的作用［J］.金融研究，1996（11）：23-27.

［163］陈丽娴，沈鸿.制造业服务化如何影响企业绩效和要素结构——基于上市公司数据的
PSM-DID实证分析［J］.经济学动态，2017（5）：64-77.

［164］程郁，陈雪.创新驱动的经济增长——高新区全要素生产率增长的分解［J］.中国软科
学，2013（11）：26-39.

［165］崔艳娟，赵霞.科技金融与中小高新技术企业发展的实证分析［J］.经济与管理，2013，
27（10）：82-85.

［166］杜金岷，梁岭，吕寒.中国区域科技金融效率研究——基于三阶段DEA模型分析［J］.
金融经济学研究，2016，31（6）：84-93.

［167］杜江，张伟科，范锦玲，等.科技金融对科技创新影响的空间效应分析［J］.软科学，
2017，31（4）：19-22+36.

［168］段世德，徐璇.科技金融支撑战略性新兴产业发展研究［J］.科技进步与对策，2011，
28（14）：66-69.

［169］丁一兵，傅缨捷，曹野.融资约束、技术创新与跨越"中等收入陷阱"——基于产业结
构升级视角的分析［J］.产业经济研究，2014（3）：101-110.

［170］戴志敏，郑万腾，杨斌斌.科技金融效率多尺度视角下的区域差异分析［J］.科学学研
究，2017，35（9）：1326-1333.

［171］党琳，李雪松，申烁.制造业行业数字化转型与其出口技术复杂度提升［J］.国际贸易
问题，2021（6）：32-47.

［172］方文丽.科技金融创新中的问题及建议［J］.中国科技投资，2011（5）：32-34.

［173］方红生，张军.中国地方政府竞争、预算软约束与扩张偏向的财政行为［J］.经济研究，

2009，44（12）：4-16.

[174] 房汉廷.科技金融本质探析[J].中国科技论坛，2015（5）：5-10.

[175] 付剑峰，邓天佐.科技金融服务机构支持科技型中小企业融资发展的案例研究[J].中国科技论坛，2014（3）：154-160.

[176] 付宏，毛蕴诗，宋来胜.创新对产业结构高级化影响的实证研究——基于2000-2011年的省际面板数据[J].中国工业经济，2013（9）：56-68.

[177] 付凌晖.我国产业结构高级化与经济增长关系的实证研究[J].统计研究，2010，27（8）：79-81.

[178] 傅进，吴小平.金融影响产业结构调整的机理分析[J].金融纵横，2005（2）：30-34.

[179] 傅勇，张晏.中国式分权与财政支出结构偏向：为增长而竞争的代价[J].管理世界，2007（3）：4-12+22.

[180] 范剑勇.产业集聚与地区间劳动生产率差异[J].经济研究，2006（11）：72-81.

[181] 范方志，张立军.中国地区金融结构转变与产业结构升级研究[J].金融研究，2003（11）：36-48.

[182] [法] 汤姆·洛克曼.卡尔·马克思的哲学[M].杨学功，徐素华译.北京：东方出版社，2008.

[183] 国丽娜.促进科技和金融结合试点的实践浅析及启示[J].中国科技论坛，2015（9）：111-116.

[184] 谷慎，汪淑娟.中国科技金融投入的经济增长质量效应——基于时空异质性视角的研究[J].财经科学，2018（8）：30-43.

[185] 郭燕青，李海铭.科技金融投入对制造业创新效率影响的实证研究——基于中国省级面板数据[J].工业技术经济，2019，38（2）：29-35.

[186] 郭凯明，罗敏.有偏技术进步、产业结构转型与工资收入差距[J].中国工业经济，2021（3）：24-41.

[187] 郭晓蓓.改革开放40年我国产业结构演进历程与新时代重大战略机遇[J].当代经济管理，2019，41（4）：1-10.

[188] 郭金花，朱承亮.数字化转型、人力资本结构调整与制造企业价值链升级[J].经济管理，2024，46（1）：47-67.

[189] 甘星，甘伟.环渤海、长三角、珠三角三大经济圈科技金融效率差异实证研究[J].宏观经济研究，2017（11）：103-114.

[190] 干春晖，郑若谷，余典范.中国产业结构变迁对经济增长和波动的影响[J].经济研究，2011（5）：4-16.

[191] 干春晖，王强.改革开放以来中国产业结构变迁：回顾与展望[J].经济与管理研究，

2018，39（8）：3-14.

[192]高素英，李能，张烨，等.圈层经济视阈下区域空间布局优化实证研究［J］.科技进步与对策，2017，34（3）：31-36.

[193]江小娟.1995-2010年我国产业结构变动趋势和产业政策［J］.山西财经学院学报，1995（3）：12-15.

[194]何德旭，姚战琪.中国产业结构调整的效应、优化升级目标和政策措施［J］.中国工业经济，2008（5）：46-56.

[195][美]赫希曼.经济发展战略［M］.曹征海，潘照东译.北京：经济科学出版社，1991.

[196][美]罗伯特·M.索洛（R.M.Solow）.经济增长理论，一种解说.［M］.胡汝银译.上海：上海人民出版社，1994.

[197][美]戴维·罗默.高级宏观经济学（第5版）［M］.吴化斌，龚关译.上海：上海财经大学出版社，2021.

[198]韩永辉，黄亮雄，王贤彬.产业政策推动地方产业结构升级了吗？——基于发展型地方政府的理论解释与实证检验［J］.经济研究，2017，52（8）：33-48.

[199]韩晶，酒二科.以产业结构为中介的创新影响中国经济增长的机理［J］.经济理论与经济管理，2018（6）：51-63.

[200]黄继忠，黎明.科技金融对创新效率影响的实证研究——基于中国高技术产业省级面板数据［J］.工业技术经济，2017，36（9）：17-23.

[201]黄瑞芬，邱梦圆.基于Malmquist指数和SFA模型的我国科技金融效率评价［J］.科技管理研究，2016，36（20）：43-48.

[202]黄寰.自主创新与区域产业结构优化升级［M］.北京：中国经济出版社，2006.

[203]黄先海，徐圣.中国劳动收入比重下降成因分析——基于劳动节约型技术进步的视角［J］.经济研究，2009，44（7）：34-44.

[204]黄茂兴，李军军.技术选择、产业结构升级与经济增长［J］.经济研究，2009，44（7）：143-151.

[205]黄群慧.改革开放40年中国的产业发展与工业化进程［J］.中国工业经济，2018（9）：5-23.

[206]黄赜琳，秦淑悦，张雨朦.数字经济如何驱动制造业升级［J］.经济管理，2022，44（4）：80-97.

[207]胡欢欢，刘传明.科技金融政策能否促进产业结构转型升级？［J］.国际金融研究，2021（5）：24-33.

[208]胡苏迪.中国科技金融中心发展水平研究——基于科技金融中心指数的构建与测算［J］.金融与经济，2018，493（9）：78-83.

［209］胡援成，吴江涛.科技金融的运行机制及金融创新探讨［J］.科技进步与对策，2012，
　　　 29（23）：10-13.

［210］洪银兴.科技金融及其培育［J］.经济学家，2011（6）：22-27.

［211］金京，戴翔，张二震.全球要素分工背景下的中国产业转型升级［J］.中国工业经济，
　　　 2013（11）：57-69.

［212］荆文君，孙宝文.数字经济促进经济高质量发展：一个理论分析框架［J］.经济学家，
　　　 2019（2）：66-73.

［213］纪玉俊，李超.我国金融产业集聚与地区经济增长——基于225个城市面板数据的空间
　　　 计量检验［J］.产业经济评论，2015（6）：35-46.

［214］纪玉俊，赵娜.产业集聚有利于提高能源效率吗？——基于产业集聚度与对外开放水平
　　　 的门槛回归模型检验［J］.北京理工大学学报（社会科学版），2016，18（4）：19-27.

［215］季菲菲，陈雯，袁丰，等.高新区科技金融发展过程及其空间效应——以无锡新区为例
　　　 ［J］.地理研究，2013，32（10）：1899-1911.

［216］江曙霞，严玉华.中国GDP结构升级和金融结构转变的协调性研究［J］.财经理论与实
　　　 践，2006（1）：18-23.

［217］江小涓.产业结构优化升级：新阶段和新任务［J］.财贸经济，2005（4）：3-9+71-96.

［218］江艇.因果推断经验研究中的中介效应与调节效应［J］.中国工业经济，2022（5）：
　　　 100-120.

［219］姜雅婷，柴国荣.目标考核.官员晋升激励与安全生产治理效果——基于中国省级面板
　　　 数据的实证检验［J］.公共管理学报，2017，14（3）：44-59.

［220］科技与金融结合课题组.当代科技与金融结合的大趋势［J］.科技进步与对策，1987
　　　 （2）：24-25.

［221］逯进，李婷婷.产业结构升级、技术创新与绿色全要素生产率——基于异质性视角的研
　　　 究［J］.中国人口科学，2021（4）：86-97+128.

［222］［美］库兹涅茨.现代经济增长［M］.戴睿，易诚译.北京：北京大学出版社，1989.

［223］孔宪丽，米美玲，高铁梅.技术进步适宜性与创新驱动工业结构调整——基于技术进步
　　　 偏向性视角的实证研究［J］.中国工业经济，2015（11）：62-77.

［224］孔祥毅.金融协调的若干理论问题［J］.经济学动态，2003（10）：36-38.

［225］［美］罗斯托.从起飞进入持续增长的经济学［M］.贺立平译.成都：四川人民出版社，
　　　 1988.

［226］罗超平，张梓榆，王志章.金融发展与产业结构升级：长期均衡与短期动态关系［J］.
　　　 中国软科学，2016（5）：21-29.

［227］林春，康宽，孙英杰.中国普惠金融的区域差异与极化趋势：2005-2016［J］.国际金

　　　　融研究，2019（8）：3–13.

[228] 林毅夫，蔡昉，李周.对赶超战略的反思 [J].战略与管理，1994，1（6）：1–12.

[229] 林毅夫.新结构经济学与中国产业政策 [J].决策探索（下半月），2014（10）：12–14.

[230] 林毅夫，付才辉.比较优势与竞争优势：新结构经济学的视角 [J].经济研究，2022，
　　　　57（5）：23–33.

[231] 林毅夫，张鹏飞.适宜技术、技术选择和发展中国家的经济增长 [J].经济学（季刊），
　　　　2006（3）：985–1006.

[232] 林毅夫，孙希芳，姜烨.经济发展中的最优金融结构理论初探 [J].经济研究，2009，
　　　　44（8）：4–17.

[233] 林毅夫.新结构经济学：反思经济发展与政策的理论框架 [M].北京：北京大学出版
　　　　社，2012.

[234] 林春艳，孔凡超.中国产业结构高度化的空间关联效应分析——基于社会网络分析方法
　　　　[J].经济学家，2016（11）：45–53.

[235] 李延凯，韩廷春.金融环境演化下的金融发展与经济增长：一个国际经验 [J].世界经
　　　　济，2013，36（8）：145–160.

[236] 李庭辉，董浩.基于 LSTAR 模型的技术创新与产业结构关系实证研究 [J].中国软科学，
　　　　2018（6）：151–162.

[237] 李尚骜，龚六堂.非一致性偏好、内生偏好结构与经济结构变迁 [J].经济研究，2012，
　　　　47（7）：35–47.

[238] 李江帆，曾国军.中国第三产业内部结构升级趋势分析 [J].中国工业经济，2003（3）：
　　　　34–39.

[239] 李俊霞，温小霓.中国科技金融资源配置效率与影响因素关系研究 [J].中国软科学，
　　　　2019（1）：164–174.

[240] 李路路，朱斌，王煜.市场转型、劳动力市场分割与工作组织流动 [J].中国社会科学，
　　　　2016（9）：126–145+208.

[241] 李静，楠玉.人力资本错配下的决策：优先创新驱动还是优先产业升级？ [J].经济研
　　　　究，2019，54（8）：152–166.

[242] 李万利，潘文东，袁凯彬.企业数字化转型与中国实体经济发展 [J].数量经济技术经
　　　　济研究，2022，39（9）：5–25.

[243] 李唐，李青，陈楚霞.数据管理能力对企业生产率的影响效应——来自中国企业—劳动
　　　　力匹配调查的新发现 [J].中国工业经济，2020（6）：174–192.

[244] 柳卸林.技术创新经济学 [M].北京：中国经济出版社，1993.

[245] 刘华军，乔列成，孙淑惠.黄河流域用水效率的空间格局及动态演进 [J].资源科学，

2020，42（1）：57-68．

[246] 刘华军，李超，彭莹．中国绿色全要素生产率的地区差距及区域协同提升研究［J］．中国人口科学，2018（4）：30-41+126．

[247] 刘传明，尹秀，王林杉．中国数字经济发展的区域差异及分布动态演进［J］．中国科技论坛，2020（3）：97-109．

[248] 刘传明，马青山．黄河流域高质量发展的空间关联网络及驱动因素［J］．经济地理，2020，40（10）：91-99．

[249] 刘伟，张辉，黄泽华．中国产业结构高度与工业化进程和地区差异的考察［J］．经济学动态，2008（11）：4-8．

[250] 刘伟．工业化进程中的产业结构研究［M］．北京：中国人民大学出版社，1995．

[251] 刘伟．实现新的历史性跨越［M］．北京：北京大学出版社，2013．

[252] 刘伟．经济新常态与供给侧结构性改革［J］．管理世界，2016（7）：1-9．

[253] 刘志彪，张少军．总部经济、产业升级和区域协调——基于全球价值链的分析［J］．南京大学学报，2009（6）：54-62+140．

[254] 刘文丽，郝万禄，夏球．我国科技金融对经济增长影响的区域差异——基于东部、中部和西部面板数据的实证分析［J］．宏观经济研究，2014（2）：87-94．

[255] 刘秉镰，武鹏，刘玉海．交通基础设施与中国全要素生产率增长——基于省域数据的空间面板计量分析［J］．中国工业经济，2010（3）：54-64．

[256] 刘瑞明，赵仁杰．国家高新区推动了地区经济发展吗？——基于双重差分方法的验证［J］．管理世界，2015（8）：30-38．

[257] 刘斌，魏倩，吕越，等．制造业服务化与价值链升级［J］．经济研究，2016，51（3）：151-162．

[258] 刘新争．企业数字化转型中的"生产率悖论"——来自制造业上市公司的经验证据［J］．经济学家，2023（11）：37-47．

[259] 刘哲，刘传明．文明城市对产业结构升级的影响效应研究——来自文明城市评选的准自然实验［J］．产业经济研究，2021（1）：43-55+85．

[260] 吕政，张克俊．国家高新区阶段转换的界面障碍及破解思路［J］．中国工业经济，2006（2）：5-12．

[261] 鲁钊阳，李树．农村正规与非正规金融发展对区域产业结构升级的影响［J］．财经研究，2015，41（9）：53-64．

[262] 鲁晓东，连玉君．中国工业企业全要素生产率估计：1999—2007［J］．经济学（季刊），2012，11（2）：541-558．

[263] 马凌远，李晓敏．科技金融政策促进了地区创新水平提升吗？——基于"促进科技和金

融结合试点"的准自然实验［J］.中国软科学，2019（12）：30–42.

［264］马红旗，黄桂田，王韧.物质资本的积累对我国城乡收入差距的影响——基于资本—技能互补视角［J］.管理世界，2017（4）：32–46.

［265］马玉林，马运鹏，彭文博.中国科技金融效率的区域差异及动态演进分析［J］.宏观经济研究，2020（7）：124–137.

［266］马微，惠宁.中国制造业创新模式转换与金融结构转型——来自中国省级面板数据的经验证据［J］.经济经纬，2019，36（1）：101–107.

［267］毛蕴诗.使基于创新的跨产业升级成为我国经济增长的亮点［J］.中国产业，2012（3）：29–29.

［268］毛其淋，王玥清.ESG 的就业效应研究：来自中国上市公司的证据［J］.经济研究，2023，58（7）：86–103.

［269］钱水土，张宇.科技金融发展对企业研发投入的影响研究［J］.科学学研究，2017，35（9）：1320–1325.

［270］［美］钱纳里，等.工业化和经济增长的比较研究［M］.吴奇等译.上海：上海三联书店，2003.

［271］［美］罗杰斯（Everett. E. M.），等.创新的扩散［M］.李欣等译.北京：电子工业出版社，2016：13–14.

［272］［美］钱纳里，等.发展的形式：1750–1979［M］.赛尔昆等译.北京：经济科学出版社，1988.

［273］［美］钱纳里等.工业化和经济增长的比较研究［M］.李恒全译.上海：上海三联书店，1995.

［274］［美］西蒙.库兹涅茨.各国的经济增长［M］.常勋译.北京：商务印书馆.1985，198（5）.

［275］［美］西蒙·库兹涅茨.国民收入及其构成［M］.常勋译.北京：商务印书馆，1985.

［276］齐讴歌，王满仓.技术创新、金融体系与产业结构调整波及［J］.改革，2012（01）：50–55.

［277］任保平，豆渊博."十四五"时期新经济推进我国产业结构升级的路径与政策［J］.经济与管理评论，2021，37（1）：10–22.

［278］邵宜航，刘仕保，张朝阳.创新差异下的金融发展模式与经济增长：理论与实证［J］.管理世界，2015（11）：29–39.

［279］沈丽，范文晓.我国科技金融效率的空间差异及分布动态演进［J］.管理评论，2021，33（1）：44–53+67.

［280］孙早，侯玉琳.工业智能化如何重塑劳动力就业结构［J］.中国工业经济，2019（5）：

61-79.

[281]孙伟增，牛冬晓，万广华.交通基础设施建设与产业结构升级——以高铁建设为例的实证分析[J].管理世界，2022，38（3）：19-41+58.

[282]孙晶，李涵硕.金融集聚与产业结构升级——来自2003-2007年省际经济数据的实证分析[J].经济学家，2012（3）：80-86.

[283]孙伍琴，朱顺林.金融发展促进技术创新的效率研究——基于Malmuquist指数的分析[J].统计研究，2008（3）：46-50.

[284]孙早，席建成.中国式产业政策的实施效果：产业升级还是短期经济增长[J].中国工业经济，2015（7）：52-67.

[285]苏杭，郑磊，牟逸飞.要素禀赋与中国制造业产业升级——基于WIOD和中国工业企业数据库的分析[J].管理世界，2017（4）：70-79.

[286]石大千，丁海，卫平，等.智慧城市建设能否降低环境污染[J].中国工业经济，2018，363（6）：119-137.

[287]石大千，胡可，陈佳.城市文明是否推动了企业高质量发展？——基于环境规制与交易成本视角[J].产业经济研究，2019（6）：27-38.

[288]史贝贝，冯晨，张妍，等.环境规制红利的边际递增效应[J].中国工业经济，2017（12）：40-58.

[289]佟孟华，李慧，张国建.金融结构影响产业结构变迁的内在机理研究[J].财贸研究，2021，32（7）：1-13.

[290]田新民，韩端.产业结构效应的度量与实证——以北京为案例的比较分析[J].经济学动态，2012（9）：74-82.

[291]唐德祥，孟卫东.R&D与产业结构优化升级——基于我国面板数据模型的经验研究[J].科技管理研究，2008，28（5）：85-89.

[292]唐荣，黄抒田.产业政策、资源配置与制造业升级：基于价值链的视角[J].经济学家，2021（1）：63-72.

[293]陶长琪，周璇.产业融合下的产业结构优化升级效应分析——基于信息产业与制造业耦联的实证研究[J].产业经济研究，2015（3）：21-31+110.

[294]卫平，张玲玉.不同的技术创新路径对产业结构的影响[J].城市问题，2016（4）：52-59.

[295]汪淑娟，谷慎.科技金融对中国经济高质量发展的影响研究——理论分析与实证检验[J].经济学家，2021（2）：81-91.

[296]汪伟，刘玉飞，彭冬冬.人口老龄化的产业结构升级效应研究[J].中国工业经济，2015（11）：47-61.

［297］王定祥，吴代红，王小华.中国金融发展与产业结构优化的实证研究——基于金融资本视角［J］.西安交通大学学报（社会科学版），2013，33（5）：1-6+21.

［298］王仁祥，杨曼.中国省域科技与金融耦合效率的时空演进［J］.经济地理，2018，38（2）：104-112.

［299］王宏起，徐玉莲.科技创新与科技金融协同度模型及其应用研究［J］.中国软科学，2012（6）：129-138.

［300］王飞.创新的空间扩散［M］.北京：知识产权出版社，2008.

［301］王雨飞，倪鹏飞.高速铁路影响下的经济增长溢出与区域空间优化［J］.中国工业经济，2016（2）：21-36.

［302］王勋，Anders Johansson.金融抑制与经济结构转型［J］.经济研究，2013，48（1）：54-67.

［303］王敏，辜胜阻.国外关于技术创新溢出的学术探究［J］.国外社会科学，2014（6）：27-37.

［304］王林辉，袁礼.有偏型技术进步、产业结构变迁和中国要素收入分配格局［J］.经济研究，2018，53（11）：115-131.

［305］王少平，欧阳志刚.我国城乡收入差距的度量及其对经济增长的效应［J］.经济研究，2007，42（10）：44-55.

［306］王力南.产业结构调整的驱动因素：人力资本投资［J］.统计与决策，2012（6）：167-169.

［307］吴净.科技金融对民营企业创新的影响——基于国家科技与金融结合试点城市建设的准自然实验［J］.金融理论与实践，2020（1）：27-32.

［308］吴爱东，刘东阁.中国金融发展与产业结构升级的关系——基于耦合协调度模型［J］.南方金融，2017（3）：28-36.

［309］温忠麟，张雷，侯杰泰.有中介的调节变量和有调节的中介变量［J］.心理学报，2006，38（3）：448-452.

［310］（美）西蒙·库兹涅茨.各国的经济增长［M］.常勋译.北京：商务印书馆，2005：99-120.

［311］徐玉莲，王宏起.科技金融对技术创新的支持作用：基于Bootstrap方法的实证分析［J］.科技进步与对策，2012，29（3）：1-4.

［312］徐现祥，王贤彬，舒元.地方官员与经济增长——来自中国省长、省委书记交流的证据［J］.经济研究，2007（9）：18-31.

［313］徐建伟，葛岳静，胡志丁.比较优势、国际分工与发展战略［J］.经济地理，2012，32（5）：16-22.

［314］徐海东.城市高铁开通对产业升级及就业——产业耦合协调度的影响［J］.首都经济贸易大学学报，2019，21（5）：57-66.

［315］徐春秀，汪振辰.中部崛起政策对地区产业升级的异质性影响与机制分析——基于PSM-DID方法的一项拟自然实验［J］.产经评论，2020，11（2）：68-79.

［316］薛澜，俞乔.科技金融：理论的创新与现实的呼唤——评赵昌文等《科技金融》一书［J］.经济研究，2010，45（07）：157-160.

［317］肖挺.中国制造企业"绩效—服务化悖论"的再论证［J］.科学学与科学技术管理，2015，36（10）：123-134.

［318］解晋.中国分省人力资本错配研究［J］.中国人口科学，2019（6）：84-96+128.

［319］［英］亚当·斯密，国民财富的性质和原因的研究上［M］.郭大力.王亚楠译.北京：商务印书馆，1972.

［320］杨小凯，张定胜，张永生.发展经济学：超边际与边际分析［M］.北京：社会科学文献出版社，2003.

［321］杨小凯，张永生.新贸易理论、比较利益理论及其经验研究的新成果：文献综述［J］.经济学（季刊），2001（1）：19-44.

［322］杨可方，杨朝军.金融结构演进与产业升级：美日的经验及启示［J］.世界经济研究，2018（4）：49-59+136.

［323］杨先明，王希元.经济发展过程中的结构现代化：国际经验与中国路径［J］.经济学动态，2019（10）：24-37.

［324］杨公朴，夏大慰.产业经济学教程［M］.上海：上海财经大学出版社，1998.

［325］杨子荣，张鹏杨.金融结构、产业结构与经济增长——基于新结构金融学视角的实证检验［J］.经济学（季刊），2018，17（2）：847-872.

［326］叶德珠，王佰芳，黄允爵.金融—劳动力的结构匹配与产业结构升级［J］.产经评论，2021，12（4）：32-48.

［327］叶莉，王亚丽，孟祥生.中国科技金融创新支持效率研究——基于企业层面的理论分析与实证检验［J］.南开经济研究，2015（6）：37-53.

［328］袁航，朱承亮.国家高新区推动了中国产业结构转型升级吗［J］.中国工业经济，2018，365（8）：62-79.

［329］余鹏翼，李善民.金融抑制与中小企业融资行为分析［J］.经济学动态，2004（9）：50-53.

［330］易信，刘凤良.金融发展、技术创新与产业结构转型——多部门内生增长理论分析框架［J］.管理世界，2015（10）：24-39+90.

［331］易信，刘凤良.金融发展与产业结构转型——理论及基于跨国面板数据的实证研究［J］.

数量经济技术经济研究, 2018, 35（6）: 21-39.

［332］于斌斌. 产业结构调整与生产率提升的经济增长效应——基于中国城市动态空间面板模型的分析［J］. 中国工业经济, 2015（12）: 83-98.

［333］［英］亚当·斯密. 国富论: 国民财富的性质和起因的研究［M］. 谢祖钧等译. 长沙: 中南大学出版社, 2003.

［334］［英］亚当·斯密（Adam Smith）. 国富论: 英文［M］. 张兴德等译, 北京: 北京出版社, 2012.

［335］赵昌文, 陈春发, 唐英凯. 科技金融［M］. 北京: 科学出版社, 2009.

［336］赵稚薇. 科技金融对技术创新的作用效率研究［J］. 金融经济, 2012（20）: 69-71.

［337］肇启伟, 付剑峰, 刘洪江. 科技金融中的关键问题——中国科技金融2014年会综述［J］. 管理世界, 2015,（3）: 164-167.

［338］赵勇, 白永秀. 知识溢出: 一个文献综述［J］. 经济研究, 2009, 44（1）: 144-156.

［339］朱玉杰, 倪骁然. 金融规模如何影响产业升级: 促进还是抑制? ——基于空间面板 Durbin 模型（SDM）的研究: 直接影响与空间溢出［J］. 中国软科学, 2014（4）: 180-192.

［340］庄毓敏, 储青青, 马勇. 金融发展、企业创新与经济增长［J］. 金融研究, 2020（4）: 11-30.

［341］徐珊, 刘笃池, 梁彤缨. 大企业创新投入驱动区域产业升级效应研究［J］. 科学学与科学技术管理, 2016, 37（10）: 38-48.

［342］徐敏, 姜勇. 中国产业结构升级能缩小城乡消费差距吗? ［J］. 数量经济技术经济研究, 2015, 32（3）: 3-21.

［343］郑威, 陆远权. 中国金融供给的空间结构与产业结构升级——基于地方金融发展与区域金融中心建设视角的研究［J］. 国际金融研究, 2019（2）: 13-22.

［344］郑若谷, 干春晖, 余典范. 转型期中国经济增长的产业结构和制度效应——基于一个随机前沿模型的研究［J］. 中国工业经济, 2010（2）: 60-69.

［345］张桂文, 孙亚南. 人力资本与产业结构演进耦合关系的实证研究［J］. 中国人口科学, 2014（6）: 96-106.

［346］张竣喃, 逯进, 周惠民. 技术创新、产业结构与金融发展的耦合效应研究——基于中国省域数据的实证分析［J］. 管理评论, 2020, 32（11）: 112-127.

［347］张晓燕, 冉光和, 季健. 金融集聚、城镇化与产业结构升级——基于省级空间面板数据的实证分析［J］. 工业技术经济, 2015,（9）: 123-130.

［348］张玉喜, 赵丽丽. 中国科技金融投入对科技创新的作用效果——基于静态和动态面板数据模型的实证研究［J］. 科学学研究, 2015, 33（2）: 177-184+214.

［349］张玉华，张涛.科技金融对生产性服务业与制造业协同集聚的影响研究［J］.中国软科学，2018（3）：47-55.

［350］张龙耀，邢朝辉.中国农村数字普惠金融发展的分布动态、地区差异与收敛性研究［J］.数量经济技术经济研究，2021，38（3）：23-42.

［351］张芷若，谷国锋.科技金融与科技创新耦合协调度的空间格局分析［J］.经济地理，2019，39（4）：50-58.

［352］张杰，刘东.我国地方产业集群的升级路径：基于组织分工架构的一个初步分析［J］.中国工业经济，2006（5）：48-55.

［353］张国强，温军，汤向俊.中国人力资本、人力资本结构与产业结构升级［J］.中国人口·资源与环境，2011，21（10）：138-146.

［354］张一林，龚强，荣昭.技术创新、股权融资与金融结构转型［J］.管理世界，2016（11）：65-80.

［355］张宽，黄凌云.金融发展如何影响区域创新质量？——来自中国对外贸易的解释［J］.国际金融研究，2019（9）：32-42.

［356］张金昌.波特的国家竞争优势理论剖析［J］.中国工业经济，2001（9）：53-58.

［357］张龙耀，杨军，张海宁.金融发展、家庭创业与城乡居民收入——基于微观视角的经验分析［J］.中国农村经济，2013（7）：47-57+84.

［358］张前程，龚刚.货币政策与企业风险承担：投资者情绪的中介效应［J］.当代经济科学，2016，38（3）：20-30+124-125.

［359］章潇萌，杨宇菲.对外开放与我国产业结构转型的新路径［J］.管理世界，2016（3）：25-35.

［360］章奇.第二产业结构调整与科技金融联动发展的关系研究［J］.科学管理研究，2016，34（3）：109-112.

［361］周黎安.中国地方官员的晋升锦标赛模式研究［J］.经济研究，2007（7）：36-50.

［362］周春应.中国科技金融对区域经济增长的影响研究——基于空间计量模型［J］.技术经济与管理研究，2021（7）：3-7.

［363］周茂，陆毅，符大海.贸易自由化与中国产业升级：事实与机制［J］.世界经济，2016，39（10）：78-102.

［364］周茂，陆毅，杜艳，等.开发区设立与地区制造业升级［J］.中国工业经济，2018（3）：62-79.

［365］周亚虹，宗庆庆，陈曦明.财政分权体制下地市级政府教育支出的标尺竞争［J］.经济研究，2013（11）：127-139.

［366］周昌发.科技金融发展的保障机制［J］.中国软科学，2011（3）：72-81.

［367］周林，杨云龙，刘伟．用产业政策推进发展与改革——关于设计现阶段我国产业政策的研究报告［J］．经济研究，1987（3）：16-24.

［368］周小川．金融政策对金融危机的响应——宏观审慎政策框架的形成背景、内在逻辑和主要内容［J］．金融研究，2011（1）：1-14.

［369］祝佳．创新驱动与金融支持的区域协同发展研究——基于产业结构差异视角［J］．中国软科学，2015（9）：106-116.

［370］朱鸿鸣，赵昌文，李十六，等．科技支行与科技小贷公司：谁是较优的"科技银行"中国化模式？［J］．中国软科学，2011（12）：76-83.

［371］朱华友．新经济地理学经济活动空间集聚的机制过程及其意义［J］．经济地理，2005（6）：753-756+760.

［372］赵庆．产业结构优化升级能否促进技术创新效率？［J］．科学学研究，2018，36（2）：239-248.

［373］褚敏，踪家峰．政府干预、金融深化与经济结构转型——基于"新东北现象"的考察［J］．中国软科学，2018（1）：63-76.

［374］曾国平，王燕飞．中国金融发展与产业结构变迁［J］．财贸经济，2007（8）：12-19+128.

后　记

　　本书是我在 2023 年完成的博士论文基础上修改完成的，回顾自己的学习生涯，有幸得到老师、家人和朋友的支持，让我不断提高。感慨之余，在此诚挚地向诸位教导、培育、关心我的老师、家人和朋友表示谢意。

　　首先，感谢我的恩师蒋选教授。感谢蒋老师将我收入门下，给予我读博的机会。蒋老师以他渊博的学识和严谨、精益求精的治学态度，潜移默化地引导着我，是我学术道路上永远的标尺。无论是在课堂学习、论文写作还是校外实习，蒋老师都给予我悉心的指导和建议，耐心地为我答疑解惑。特别是在毕业论文写作期间，蒋老师对我帮助良多，几经修订，反复修改，才有了如今的论文成果。在生活中，蒋老师每个学期都会组织丰富多彩的课外活动，记得参加的第一次师门活动是在国家大剧院观看演出，这次活动不仅给予我视觉上的震撼，还能在学习之余使我的身心得以放松。此后，我又陆陆续续参与了师门的学术研讨、美食活动和郊游等。这些丰富多彩的师门活动，成为我博士生涯美好的回忆，历久弥新。在此，特别感谢国务院发展研究中心市场经济研究所研究室副主任王念，对我来说既是师兄，又是老师。感谢他在我的实习中给予我指导和启发。万千谢意诉不尽，师恩永远铭记于心。

　　其次，感谢中央财经大学对我的栽培，为我提供良好的学习环境和浓厚的学习氛围。特别是感谢从博士论文开题、学年论文答辩、博士学位论文预答辩组的老师。感谢赵丽芬教授、齐兰教授、张志敏教授、韩金华教授和张铁刚教授给予我的宝贵建议，正是有了各位老师的指点才使我的论文更为完善。在此，特别感谢山东财经大学经济学院刘传明老师，他在我写小论文和大论文过程中倾囊相助，给予我写作建议和技术指导，使我的学术之路更为顺畅。同时，感谢我的好朋友刘哲博士、马茹博士、佟彤博士、马艳娜博士和邵宏伟博士，感谢他们给予我学习上的帮助和生活中的陪伴，使我更为积极地面对学习和生活。

　　再次，感谢家人。感谢父亲和母亲无条件地支持我和尊重我的每次选择，他们用爱和陪伴为我排忧解难，尽管博士期间崎岖坎坷，是他们辛苦付出才使我能够无忧无虑地求学新知，完成自己的学业。同时，感谢公婆对我的帮助，特别是要感谢婆婆帮我照看孩子，是婆婆的辛勤付出和包容才使我能够安心写作。最后，感谢我的爱人于泽剑，从 8 年前硕士研究生复试时相遇，一路相伴至今。他的出现点亮了我的生活，也使我成为更好的自己。当我情绪失落或遇到困难时，他总是第一时间听我诉说，永远有办法帮我解决，他是我心中的"超人"。读博以来，更是他的担当与责任以及对我的包容和关怀支撑我走到今天。感谢儿子，2022 年宝贝于顾恩的到来是我人生中最幸福的时刻，为我打开了一个全新的世界。角色转变是挑战，更是动力。儿子出生 1 个月后，我开始忙于博士毕业论文，此后的每天忙于写作和陪伴孩子，虽然辛苦，但更多的是幸福。在陪伴他的成长中，我日益温柔、细腻，但同时也变得更加坚韧，想努力成为他的榜样，为他创造更好的生活。愿宝贝健康长大，岁岁无忧。

最后，以梦为马，不负韶华。我要感谢一直努力、始终坚持、始终勇敢的自己。一路走来，迷茫过、崩溃过，但从未放弃，跌跌撞撞地努力前进着。感谢自己慢慢成长，耐心地打败生活中的小怪兽，一次次与自己和解，学会接受平凡与渺小的自己。感谢自己能成为自己最好的朋友，黑夜残灯亦有孤影相伴。

水迢迢，路漫漫。感谢的背后都是满满的温情，求学路上感恩有师情、友情、亲情一路相伴相助。追风赶月莫停留，平芜尽处是春山，愿自己不忘初心，追求卓越，努力成就更好的自己。

胡欢欢

2024 年 8 月 21 日